철학자와 함께 읽는 동화

철학자와
함께 읽는
동화

동
화

인
문
학

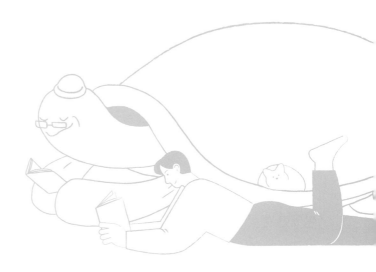

이일야 지음

담앤북스

얼마 전 출판사로부터 『동화가 있는 철학 서재』 개정판을 내자는 연락을 받았다. 돌이켜보니 이 책이 출간된 지도 벌써 5년이란 세월이 흘렀다. 여러 생각이 떠올랐다. 먼저 2020년 문화체육관광부에서 주최한 세종도서에 선정되었을 때가 생각났다. 무엇보다 책의 가치를 인정받은 것 같아 기쁨이 더욱 컸었다. 이 책을 교재로 삼아 여러 고등학교에서 동화에 담긴 인문학적 의미를 강의하던 기억도 떠올랐다. 단순할 것 같은 동화 속에 이렇게 깊은 의미가 담겨있다는 사실에 놀라워하던 학생들의 표정도 아직까지 머릿속에 깊이 남아있다.

초판을 낸지 5년이 흐르다 보니 지금의 상황과 조금은 멀게 느껴지는 내용도 있고 특히 젊은 MZ세대들이 이해하지 못하는 부분도 눈에 띄었다. 그래서 제목을 바꾸고 내용도 조금 수정했으며 초판에 실리지 않았던 동화도 몇 편 추가해서 개정판을 내게 되었다. 새로운 옷으로 갈아입고 예쁘게 단장해서 나올 것을 생각하니 나 또한 설렘이 앞선다.

『철학자와 함께 읽는 동화』에는 어린 시절 할머니 무릎을 베고 누워 들었던 호랑이 담배 피우던 시절의 이야기와 초등학교 때 배운 동화들이 많이 등장한다. 그동안 잊고 지냈는데, 수십 년이 지나서 다시 읽은 동화는 그야말로 인문학의 보물 창고였다. 동화를 다시 읽을 때마다 느꼈다.

'왜 그때는 이런 생각을 못 했을까?'

『철학자와 함께 읽는 동화』는 동화를 통해 우리 자신을 성찰해보자는 취지에서 시작되었다. 매달 한 편씩 동화를 해석하면서 느낀 점은 동화에는 생각했던 것보다 중요한 의미들이 많이 담겨있다는 사실이었다. 다만 겉으로 드러난 이야기에 집중하느라 그 안에 흐르고 있는 깊은 의미를 읽어내지 못했을 뿐이다.

언젠가 내 글을 재미있게 읽고 있다는 어느 선생님이 인성과 관련된 동화도 함께 다뤄줬으면 하는 바람을 전해왔다. 마침 2014년 '인성교육진흥법'이 통과되어 학교 현장에서 인성교육에 대한 관심이 많은 시기였다. 이 법의 제2조 2항에는 인성교육의 핵심 가치로 '예, 효, 정직, 책임, 존중, 배려, 소통, 협동' 8대 덕목을 제시하고 있다. 이러한 덕목을 중심으로 글을 쓰면 학교에서 동화와 연결해 인성교육을 하는 데 많은 도움이 될 것이라는 취지였다.

이 책이 출간된 후 여러 고등학교에서 '동화와 인문학'이라는 주제로 강의해달라는 요청을 받고 앞서 언급한 것처럼 이 책을 교재로 다양한 강의를 진행하였다. 초롱초롱한 눈빛으로 동화에 담긴 인문학적 의미를 새기려는 학생들의 모습이 아직도 눈에 선하다. 최근 어느 고등학교에서 이 책으로 수업을 진행한 선생님이 학생들이 손으로 쓴 감상문을 보내준 적이 있다. 동화에 담긴 철학적 의미를 배울 수 있어서 좋았으며, 이 수업이 자신의 미래를 설계하는 데 많은 도움이 되었다는 내용이었다. 이 책이 생생한 교육 현장에서 작동하고 있다는 사실에 저자로서 뿌듯함과 감사함을 느낀 순간이었다.

이 책은 우리들이 알고 있거나 새롭게 창작한 동화를 짧게 요약하고 그 속에 담긴 삶의 의미, 인문학적 의미를 오늘의 시선에서 해석하는 방식으로 구성하였다. 순서와 관계없이 그저 마음이 가는 동화나 주제를 선택해서 읽으면 된다. 아침에 일어나 이 책을 들고 화장실 가는 어느 독자의 모습을 떠올려본다. 상상만 해도 즐거운 일이다.

『철학자와 함께 읽는 동화』를 쓰는 동안 춘천불교방송에서 시즌 1, 2로 나누어서 방송을 하는 색다른 경험도 했다. 때로는 진행자와 함께 동화 속 주인공을 연기하면서 그 안에 담긴 삶의 의미를 전하려 노력하였다. 어느 청취자로부터 깊은 감명과 위로를 받았다는 소감을 들었을 때는 보람을 느끼기도 하였다.

살다 보면 '내가 지금 뭐 하고 있는 거지? 이렇게 살아도 되는 것일까?' 생각할 때가 있다. 이런 문제의식을 갖고 책을 읽으면 그동안 알고 있었던 동화가 새로운 의미로 다가올 것이다. 그래서 때로는 감동을, 때로는 위로와 용기를 얻게 된다. 동화는 그런 힘을 갖고 있다.

　이 책이 나오기까지 많은 인연들의 도움이 있었다. 컴퓨터 속에 담겨 있는 원고를 세상 밖으로 나오게 해준 담앤북스 오세룡 대표님께 먼저 감사를 드린다. 대표님은 먼 거리를 마다하지 않고 오셔서 출판을 권해 주셨다. 마음의 점[點心·점심]을 함께 찍은 그날, 책장에 꽂혀 있던 동화는 서재를 넘어 우리 앞으로 다가왔다. 어느 멋진 봄날로 기억될 것 같다. 『철학자와 함께 읽는 동화』를 시즌 1, 2로 나누어서 정성껏 방송을 해준 춘천불교방송 박문영 아나운서께도 이 자리를 빌려 감사의 마음을 전하고 싶다. 끝으로 새롭게 단장해서 아름다운 한 권의 책으로 나올 수 있도록 애써주신 담앤북스 여수령 편집부장께 감사의 말씀을 전한다.

2024년 8월 어느 날
성작산 아래 초가에서
이일야

동화의 힘

거짓말하는 일기장

인문학은 '자기 성찰학'이다. 나와 세계는 어떤 모습으로 존재하며, 그 관계는 어떠해야 하는지, 그 속에서 우리는 어떤 삶을 추구해야 행복할 수 있는지에 대해 성찰하는 공부라는 뜻이다. 그래서 인문학의 주제는 '인간이란 무엇인가?', '인간은 어떻게 살아야 하는가?'에 집중된다. 이런 성찰이 가능하려면 무엇보다도 먼저 자기 자신에게 솔직해야 한다. 그래야 현재 자신의 모습을 왜곡하지 않고 있는 그대로 볼 수 있기 때문이다.

그런데 자신에게 솔직하기가 그리 쉬운 일이 아니다. 그동안 우리는 얼굴에 가면(persona)을 쓰고 살아왔기 때문이다. 우리가 내면의 가면을 벗고 솔직하기란 결코 만만치 않다. 어쩌면 우리는 어린 시절부터 가면을 쓰고 사는 일에 익숙했던 것은 아닐까? 그 대표적인 것이 바로 일기장이다.

일기장은 자신에게 가장 솔직해야 할 공간이다. 그런데 일기장을 선생님이나 부모님이 검사한다. 그러니 어떻게 그곳에 솔직한 자신의 마음을 담을 수 있겠는가. 우리는 자신도 모르게 일기장에 거짓말을 하면서 살아왔다. 가면을 쓴 채 일기장을 검사하는 이들의 욕구에 충실히 맞추면서 가짜 이야기를 해왔다. 나도 그랬던 것 같다.

일기를 의무적으로 쓰는 시기가 끝났는데도 나는 일기를 계속 썼다. 어린 시절의 깊은 상처가 트라우마로 남아있었기에 일기를 쓰면서 스스로를 위로했던 것이다. 그런데 일기장에 솔직하지 못했던 습관이 남아서일까? 솔직한 내 마음을 담는 일이 그리 쉽지 않았다. 누군가 내 속내를 들여다볼지 모른다는 두려움이 있었기 때문이다. 그렇게 일기 쓰는 일은 20대 중반까지 이어졌다.

얼마 전 그 일기장을 우연히 보게 되었다. 없어진 줄 알았는데, 남아있었던 것이다. 일기장에는 알 수 없는 기호들이 꽤나 많이 보였다. 기호(sign)란 무엇인가를 가리키기 위한 일종의 표시다. 기호에는 그것이 가리키는 대상이나 의미들이 담겨있기 마련이다. 빨간 신호등에는 건너가지 말라는 의미가 담겨있고, 비둘기는 평화를 상징하고, 먹구름은 비가 올 것이라는 의미를 내포하듯 말이다. 이처럼 우리는 아이콘(icon)이나 인덱스(index), 상징(symbol) 등의 기호를 통해 대상이나 의미들을 담아둔다.

그런데 기호 속에 담긴 의미를 읽지 못한다면 어떻게 될까? 무척 답답하거나 때로는 당황할 것이다. 나의 경우가 그랬다. 당시에는 내가 만든, 나만이 아는 기호를 통해 속내를 표현했는데, 지금에 와서는 그 기호를 해석할 수 없었다. 읽고 또 읽어봐도 그 기호가 무엇을 의미하는지 도저히 알 수 없었다. 곰곰이 생각해보니, 내가 그렇게 어려운 기호를 사용한 이유는 누군가 내 일기장을 볼지 모른다는 두려움이 있었기 때문이었다. 가장 솔직해야 할 일기장에도 나는 가면을 쓰고 나와 만났던 것이다.

어쩌면 우리는 두려움을 안고 살아가는 존재인지 모를 일이다. 나 자신의 솔직한 모습이 드러났을 때, 다른 사람들이 나를 외면하지 않을까 하는 두려움 말이다. 그래서 두꺼운 위장막을 치고 사람들을 대하고 있는 것은 아닐까? 자본과 권력, 넓은 평수의 아파트, 고가의 자동차와 같은 물질을 앞세우고 나 자신은 그 뒤에 숨어 살고 있는 것이다.

이런 삶이 행복하다면 더 이상 할 말이 없다. 그러나 그렇지 않다면 가면을 쓰고 사는 자신을 진지하게 돌아봐야 하지 않을까? 화려하게 치장된 물질 뒤에 숨어서 나 자신을 잃고 사는 것이 결코 행복일 수는 없다. 이것은 곧 물질에 주인의 자리를 내어준 채 자신은 엑스트라로 전락한 삶이기 때문이다. 오늘날 많은 사람들이 자기 상실, 인간 상실이라는 병에 시달리는 이유도 여기에 있다.

인문학은 이렇게 사는 우리들에게 용기를 주는 학문이다. 비록 지금은 형편없고 초라한 인격으로 살고 있지만, 솔직하게 자신을 성찰해보면 얼마든지 삶의 질적 변화가 가능하다고 말하기 때문이다. 때로 한 권의 소설이나 시가 우리의 마음을 흔들어 놓는 이유도 여기에 있다. 그런데 우리에게 솔직하고 당당하게 살 수 있도록 희망과 용기를 주는 또 다른 것이 하나 있다. 바로 아이들이 읽는 동화가 그것이다. 그렇다면 과연 동화는 우리에게 어떤 힘을 주는 것일까?

솔직하고 당당한 아이처럼

동화가 힘을 갖는 이유는 그것이 비록 어른들에 의해 쓰이긴 했지만 아이들을 위한, 아이들에 의한, 아이들의 이야기이기 때문이다. 아이들은 어른들에 비해 몸집도 작고 물리적인 힘도 약해 보이지만, 그들은 성인들에게서는 찾아보기 힘든 강력한 에너지를 가지고 있다. 솔직함과 당당함이라는 에너지가 바로 그것이다. 이러한 힘이 있기 때문에 동화를 읽게 되면 때로는 한없이 부끄럽기도 하며, 솔직하게 살아오지 못한 자신을 돌아보기도 한다. 이런 점에서 보면 아이들의 눈과 마음으로 쓰인 동화는 자기 자신을 비추는 거울과 같다 할 것이다.

아이들의 힘을 가장 높이 평가한 인물을 뽑으라면 누가 뭐라 해도 니체(Friedrich Wilhelm Nietzsche, 1844~1900)일 것이다. 그는 『차라투스트라는 이렇게 말했다』라는 책에서 아이들의 정신을 가장 위대하게 그리고 있다. 이 책에서 니체는 인간의 정신을 세 단계로 나누고 있는데, 바로 낙타와 사자 그리고 어린아이다. 인간의 정신은 낙타에서 사자, 아이의 단계로 성장해야 한다는 것이 니체가 말하고자 했던 속내가 아닐까 싶다.

먼저 낙타는 인간이 등 위에 물건을 실으면 아무런 저항 없이 걸어 갈 뿐이다. 그렇게 인간의 명령에 복종하면 먹을 것과 마실 것뿐만 아니라 사랑도 받을 수 있다. 그러나 자유를 찾기 위해 저항을 하게 되면 인간이 가만두지 않는다. 아무런 저항 없이 기존의 가치 체계에 순응하는 정신을 니체는 낙타에 비유한 것이다. 이러한 정신이 할 수 있는 일은 오직 '너는 마땅히 해야 한다(You should).'는 것뿐이다.

이에 반해 사자는 '나는 하고자 한다(I will).'는 것을 대표하는 정신이다. 이는 기존의 가치 체계에 순응하는 것이 아니라 자유 의지에 따라 자신의 삶을 결정하는 정신을 의미한다. 인간은 사자에게 감히 '너는 짐을 싣고 어디로 가야 해.'라고 말할 수 없다. 그랬다가는 자신의 목숨을 유지하기 힘들 테니 말이다. 니체는 우리에게 낙타와 같은 '해야 하는' 삶이 아니라 저 넓은 초원을 자유롭게 달리는 사자와 같은 '하고자 하는' 삶을 살아야 한다고 강조하고 있다.

마지막으로 니체가 사자보다도 위대하게 평가한 아이의 정신은 무엇일까? 그것은 바로 아이의 특성인 솔직함과 당당함이다. '나라는 존재(I am)'에 대해 있는 그대로 솔직할 수 있을 때 당당한 삶은 가능할 것이다. 아이들은 어떠한 상황에서도 솔직하고 당당하다. 어른은 사자 앞에 서면 두려워서 도망가지만, 사자가 아무리 무섭게 포효해도 방긋 웃을 수 있는 존재가 바로 어린아이다. 그것이 바로 아이가 가지고 있는 위대한 정신이다.

어린 시절 읽었던 안데르센의 동화 「벌거벗은 임금님」을 기억할 것이다. 사기꾼 재단사에게 속아 벌거벗은 몸으로 다니면서도 세계에서 가장 좋은 옷을 입고 있다고 생각한 어리석은 왕의 이야기다. 신하들은 능력이 없거나 바보 같은 사람의 눈에는 옷이 보이지 않는다는 재단사의 말에 따라 왕이 멋진 옷을 입고 있다고 거짓말을 해야만 했다. 자신을 속이면서 말이다. 임금님이 벗은 몸으로 거리를 행진하고 있을 때 벌거벗었다고 솔직하게 말한 사람은 다름 아닌 어린 꼬마였다. 아이의 눈에는 그저 옷을 벗고 있는 임금님만 보였던 것이다.

이처럼 아이들의 눈은 솔직하다. 그렇기 때문에 그 어떤 상황에서도 당당할 수 있는 것이다. 오늘의 어른들도 아주 오래전에는 솔직하고 당당한 어린아이였다. 그런데 고해(苦海)와 같은 삶을 살면서 언젠가부터 자신을 속여야 했고 또한 자본과 권력, 물질 앞에 고개를 숙여야 했다. 그리고 허전함을 달래기 위해 더 많은 돈을 소유하려 했고 값비싼 물건을 사는 일이 자신의 존재감을 드러내는 일이라 스스로 위로해야만 했다. 이것이 가면을 쓰고 사는 대가라면 너무 초라한 삶이 아닐까?

어쩌면 우리는 니체가 말한 낙타처럼 자본과 권력, 물질이 시키는 대로 살고 있는 것은 아닐까. 이러한 삶을 청산하고 사자처럼 자신의 의지대로 살기 위해서는 어린아이와 같은 솔직함과 당당함을 회복해야 한다. 그러기 위한 인문학적 자기 성찰은 반드시 필요한 일이다. 우리가 동화에 주목하는 이유도 바로 여기에 있다. 동화에는 우리가 본래 갖추고 있었던 솔직하고 당당한 바탕을 회복시켜주는 힘이 있다.

『철학자와 함께 읽는 동화』는 동화를 통해 오늘의 우리 모습을 성찰해보자는 의도에서 시작되었다. 일종의 동화와 인문학의 만남 혹은 동화를 통한 인문학적 의미 찾기라 해도 좋을 것이다. 서재에 동화책 한 권 정도 꽂혀 있다는 것은 솔직하고 당당하게 살 수 있는 힘이 남아있다는 의미로 읽고 싶다. 그럴 수 있는 마음이면 충분하지 않을까? 아직 희망이 있으니 말이다. 그래서 서재에 가득 흐르고 있는 동화 속 아이와 같은 솔직하고 당당한 기운이 서재를 넘어 우리의 삶으로 이어지기를 기대해본다.

이제부터 동화와 함께 떠나는 인문학 여행을 시작하려 한다. 비록 지금은 초라한 모습으로 살고 있지만 여행을 마쳤을 때 솔직하고 당당한 모습으로 변화된 자신을 볼 수 있었으면 좋겠다.『철학자와 함께 읽는 동화』를 통해 마음으로 함께 떠나보면 어떨까?

차례

개정판 머리말   4

프롤로그 : 동화의 힘   8

(1부) 마음 읽기

01 백설 공주 × 복수와 용서   20

02 파랑새 × 행복   28

03 아낌없이 주는 나무 × 사랑   36

04 토끼와 거북이 × 오만   44

05 빨간 구두 × 금지된 욕망   52

06 흥부와 놀부 × 질투   60

07 돼지들의 소풍 × 자기 소외   68

08 도깨비감투 × 가면의 비밀   76

09 이야기를 들어줘 × 공감   84

10 황금알을 낳는 거위 × 탐욕   92

11 요술 맷돌 × 독식   100

12 욕심 많은 개 × 가상인가, 현실인가?   108

13 금도끼 은도끼 × 소유냐, 존재냐?   116

14 젊어지는 샘물 × 주름 예찬   124

15 별 × 꿈   132

2부 **관계 읽기**

01 여우와 두루미 × 배려   142

02 임금님 귀는 당나귀 귀 × 대화와 소통   150

03 날 지켜줘, 그림자야 × 존중   158

04 피노키오 × 정직   168

05 두 친구의 새끼줄 × 책임   176

06 팥죽 할머니와 호랑이 × 협동   184

07 청개구리 × 효   192

08 선녀와 나무꾼 × 자유   200

09 개미와 배짱이 × 성실   208

10 숨어 사는 박쥐 × 시비   216

11 양치기 소년 × 거짓말   224

12 양일까요, 개일까요? × 본다는 것   232

13 솔로몬의 판결 × 논리   240

14 호랑이와 곶감 × 앎과 믿음   248

15 의좋은 형제 × 형제애   256

에필로그 : 다시 읽는 어린왕자   264

1부
마음읽기

백설 공주

(복수와 용서)

철학자와 함께 읽는 동화

시기와 질투

"거울아, 거울아. 이 세상에서 제일 예쁜 사람이 누구지?"

아마 이 대사를 모르는 사람은 거의 없을 것이다. 어린 시절 읽었던 동화책이나 여러 버전의 영화로도 만들어진 「백설 공주」에서 사악한 왕비가 했던 유명한 대사다. 요술 거울은 왕비가 세상에서 제일 예쁘다고 말한다. 적어도 백설 공주가 일곱 살이 되기 전까지는 말이다.

* * *

옛날 어느 성에서 착하고 아름다운 왕비가 귀여운 여자아이를 낳았다. 태어난 아이는 눈처럼 하얀 피부를 가졌기 때문에 '백설(白雪) 공주'라 불리게 되었다. 그런데 왕비는 아이를 낳은 지 얼마 되지 않아 죽고 말았다. 왕은 두 번째 왕비를 맞이했는데, 그녀는 아름답긴 했으나 허영심과 질투심이 무척 강한 마녀였다.

백설 공주가 성장하여 일곱 살 생일을 맞이했을 때, 거울은 세상에서 누가 제일 예쁘냐는 왕비의 질문에 백설 공주라고 대답한다. 자존심에 상처를 입은 왕비는 시기와 질투심에 사로잡혀 공주를 그냥 두고 볼 수가 없었다. 왕비는 사냥꾼을 불러 공주를 숲속에 데려가 죽이고 그 증거로 심장을 가져오라고 명령

한다. 자기 배로 낳지는 않았지만, 그래도 자식인데 살인을 명한 것이다.

사냥꾼은 공주를 숲속으로 데려갔지만, 차마 죽일 수는 없었다. 사냥꾼은 공주에게 사실을 말하고 도망가도록 놓아준다. 그 대신 사슴을 사냥하여 심장을 왕비에게 가져다주었다. 공주가 죽었으니 이제 세상에서 제일 예쁜 사람은 자신이라는 생각에 왕비는 기뻐했다.

숲속에서 외톨이가 된 공주는 어디로 가야 할지 몰라 훌쩍훌쩍 울고 있었다. 그때 토끼가 나타나 공주를 마음씨 착한 일곱 난쟁이 집에 데려다줬다. 난쟁이들은 공주의 등장에 깜짝 놀랐지만, 사정을 알고서 함께 살기로 결심한다. 낮에는 그들 모두 광산에 일하러 가기 때문에 공주 혼자서 집을 지켜야 했다. 혼자 있게 될 공주가 걱정되어 그들은 낮에 누가 찾아오더라도 절대로 문을 열어줘서는 안 된다고 당부하였다.

공주가 죽은 줄로만 알던 왕비는 어느 날 거울에게 똑같은 질문을 한다. 누가 세상에서 가장 예쁘냐고 말이다. 그런데 거울의 입에서는 뜻밖에도 숲속에서 난쟁이들과 살고 있는 백설 공주의 이름이 튀어나왔다. 사냥꾼이 공주를 살려준 것을 알게 된 왕비는 손을 바르르 떨면서 자신이 직접 공주를 죽여야겠다고 결심한다.

공주를 죽이려는 시도는 세 차례에 걸쳐서 진행됐다. 왕비는 처음에는 리본을 파는 할머니로 변장하여 공주에게 접근했다. 공주는 누구라도 안에 들어오게 하지 말라는 난쟁이들의 말을 따르기에는 너무 착한 심성을 가졌다. 집 안으로 들어온 할머니는 리본으로 공주의 목을 죄어 죽이려 했지만, 실패하고 말았다. 일을 마치고 돌아온 난쟁이들이 가까스로 살려낸 것이다.

왕비의 2차 공격은 독을 빗에 발라 공주의 머리에 찌르는 것이었으나 이 역시 실패하고 만다. 공주에게는 위급할 때마다 나타나는 난쟁이들이 있었기 때문이었다. 3차 공격은 그 유명한 독이 든 사과를 공주에게 먹이는 것이었다. 이 마지막 공격은 성공했다. 독이 든 사과를 먹고 공주가 죽게 된 것이다. 이번에는 난쟁이들도 어쩔 수 없었다. 그들은 슬피 울면서 공주를 유리관에 넣어 바위 위에 올려놓았다.

어느 날 이웃 나라 왕자가 우연히 이곳을 지나다가 공주를 발견하였다. 비록 죽은 모습이지만 너무 아름다운 공주에 반한 왕자는 유리관을 성으로 가져가기로 하였다. 그런데 관을 운반하던 신하가 발을 헛디뎌 그만 넘어지고 말았다. 그 바람에 관이 땅에 떨어져 부서지고 공주의 목에 걸렸던 사과 조각이 튀어나와 그녀는 긴 잠에서 깨어나게 되었다. 그리고 공주와 왕자는 결혼하게 된다.

한편 궁으로 돌아온 왕비는 자신보다 예쁜 여자는 없을 것이라 생각하고 거울에게 질문하였다. 그러나 돌아온 것은 이웃 나라 왕자와 결혼한 백설 공주가 훨씬 예쁘다는 답변이었다. 자신의 화를 주체하지 못한 왕비는 그 길로 공주에게 달려갔지만, 사람들에게 붙잡혀 벌을 받게 된다. 왕비에게는 뜨겁게 달아오른 쇠구두가 신겨졌으며, 그녀는 죽을 때까지 그 신을 신고 춤추듯 뛰어다녀야만 했다.

진정한 용서

「백설 공주」 이야기는 유럽 여러 곳에 퍼져있는 전설을 바탕으로 쓰인 동화다. 내용이 서로 다른 이야기들도 많다. 중세 독일의 전설에 의하면 친어머니가 딸의 아름다움을 시기한 나머지 어린 공주를 쫓아냈다고 한다. 그리고 이웃 나라 왕자와 결혼하여 왕비가 된 백설 공주가 복수를 위해 친어머니를 무도회에 초청한 후 납치하여 불에 달군 쇠몽둥이로 고문하여 죽였다고 전한다. 그런데 그림 형제(Brothers Grimm)가 아이들의 정서를 고려해서 친모가 아니라 계모로 각색하고 아름다운 이야기로 변모시켰다. 1937년 월트디즈니사는 이 이야기를 바탕으로 '백설 공주와 일곱 난쟁이'라는 애니메이션을 만들기도 하였다. 이 동화를 정신분석학에서는 엘렉트라 콤플렉스(Electra complex)로 해석하기도 한다. 공주가 아버지인 왕에게 애정을 품었기 때문에 어머니가 딸을 죽이려 했다는 것이다.

어린 시절에는 「백설 공주」가 권선징악(勸善懲惡)으로 끝나는 아름답고 재미있는 이야기였는데, 요즘에는 그렇게 보이질 않는다. 그보다는 왕비와 공주 사이에 흐르는 미움과 복수라는 감정에 더욱 눈길이 간다. 왕비는 공주를 미워하여 죽이려 했고, 공주는 왕비에게 복수하였다. 공주는 어머니인 왕비를 용서할 수 없었을까?

복수라는 감정은 나를 상처 입힌 사람에게 받은 만큼, 아니 그 이상으로 돌려주고자 하는 욕망이다. 이러한 욕망을 충족시키기 위해서는 두 가지 조건을 갖춰야 한다. 하나는 상대를 미워해야 하며, 다른 하나는 상대를 제압할 수 있는 힘을 갖춰야 한다. 상대를 아무리 증오하더라도 힘이 없으면 복수는 성공하지 못한다. 반대로 상대를 제압할 힘이 있더라도 미움이 사라진다면 복수는 의미가 없어진다.

현실적으로 내게 상처를 입힌 상대가 매우 강력하다면 복수는 결코 쉽지 않은 일이다. 각종 격투기에서도 패자가 승자에게 복수하기 위해 리벤지 매치(revenge match)를 벌이지만 실패하는 경우가 많다. 이때 취할 수 있는 방법은 포기하거나 아니면 복수를 위해 더욱 힘을 기르는 것뿐이다. 그런데 복수를 위한 힘을 기르는 것이 그리 쉬운 일이 아니다. 혹여 상대를 제압할 수 있는 부나 권력을 갖게 되었다 하더라도, 그것을 얻기까지 정신적·육체적으로 얼마나 고통스럽겠는가. 힘을 가질 때까지 상대를 계속 미워해야 할 테니 말이다.

그래서 필요한 것이 용서라는 감정이다. 용서가 가능하기 위해서는 외적인 힘을 갖거나 내적인 자유를 가져야 한다. 힘이 없는데도 불구하고 상대를 용서한다는 것은 복수할 수 없는 나약함을 정당화하는 자기기만일 뿐이다. 복수뿐만 아니라 용서 역시 상대를 이길 수 있는 강자만이 행할 수 있는 권리이기 때문이다. 그러나 앞서 말한 것처럼 강자가 되기 위해 감내해야 할 미움의 고통을 생각하면, 이는 바람직한 대안은 아닌 것 같다.

진정한 용서는 외적인 힘이 아니라 내적인 자유, 즉 정신적으로 자유로울 때만이 가능하다. 그러기 위해서는 미워하는 마음을 내려놓아야 한다. 비록 그 일이 어렵고 힘들지만, 자신이 받은 상처에서 벗어나는 길은 이 방법밖에 없다. 자신의 현재 모습에 대한 끊임없는 성찰과 실천이 필요한 이유도 바로 여기에 있다.

백설 공주는 복수하거나 용서할 수 있는 외적인 힘을 갖췄지만, 그녀가 택한 것은 복수였다. 이 이야기가 아름답게 다가오지 않은 것도 이 때문이다. 이야기의 대상이 친모든 계모든 관계없이 복수를 이룬 삶이 과연 행복했을까? 아닐 것이다. 복수가 행복을 가져다주는 경우는 스포츠를 제외하면 별로 없다. 특히 그 대상이 가족일 경우엔 더더욱 그렇다. 그녀에게 미움에서 용서로 전환할 수 있는 내적인 자유가 있었다면, 이 이야기는 정말 아름다웠을 텐데 하는 생각이다.

'내 머리 속의 지우개'란 영화에서 어릴 적 자신을 버리고 떠난 어머니를 용서하지 못해 힘들어하는 정우성에게 손예진이 "용서는 마음속에 방 한 칸만 내어주면 된다."고 말한다. 정우성은 마음의 방을 미워하는 어머니에게 모두 내어주고, 정작 자신은 잘 곳이 없어 밖에서 벌벌

떨고 있었던 것이다. 아무리 허름해도 집이 좋은 법이다. 밖에서 방황하지 말고 집으로 들어가는 것은 어떨까? 미움에게 방 한 칸만 내어주고서.

파랑새

(행복)

철학자와 함께 읽는 동화

행복이란 무엇이며, 어떻게 해야 우리는 진정 행복할 수 있을까? 이는 오랫동안 철학자와 많은 사람들이 고민했던 질문이며, 그 대답도 사람마다 매우 다르게 나타났다. 아리스토텔레스는 관조적인 삶을 최고의 행복이라 했으며, 쇼펜하우어는 우리의 삶에서 행복은 잠시뿐이며 대부분은 고통의 연속이기 때문에 이에서 벗어나기 위해서는 철저한 금욕 생활을 해야 한다고 강조하였다. 누군가는 부와 명예, 권력이나 건강 등이 행복이라고 주장한다. 혹은 일을 마치고 집에 돌아와 편안한 자세로 소파에 앉아 TV를 보는 것이 행복이라고 말하는 사람도 있다.

이처럼 행복을 바라보는 시각은 개인마다 다르지만, 그것이 삶의 궁극적인 목적, 최고의 선(善)이라는 데는 대체로 동의하는 것 같다. 즉, 행복보다 우선하는 가치는 없다는 것이다. 『행복론』이라는 이름으로 쓰인 수많은 책도 이에 이르는 길을 제시하고 있다. 그렇다면 어린아이의 눈에 비친 행복은 어디에 있을까? 마테를링크(Maurice Maeterlinck, 1862~1949)의 희곡 「파랑새」는 그 해답을 찾아 마음으로 떠나는 여행 이야기다.

* * *

크리스마스이브 저녁, 나무꾼의 아이들인 틸틸과 미틸 앞에
요술쟁이 할머니가 나타나 파랑새를 찾아달라고 부탁한다. 파랑

새의 노랫소리를 들으면 병든 딸이 나을 뿐만 아니라 틸틸과 미틸 역시 행복해질 것이라 말하면서 말이다. 요술 할멈은 오누이에게 다이아몬드가 박힌 모자를 주었다. 오빠인 틸틸이 다이아몬드를 왼쪽으로 돌리자 온 방 안이 환해지면서 빛의 요정, 우유의 요정, 사탕의 요정 등이 나타났다. 아이들은 빛의 요정을 따라 행복의 새를 찾기 위한 여행을 떠난다.

그들이 맨 처음 찾아간 곳은 추억의 나라였다. 이곳에서 오누이는 돌아가신 할머니와 할아버지를 만난다. 의아해하고 있는 틸틸과 미틸에게 할아버지는 이렇게 말한다.

"살아있는 사람들이 추억해줄 때마다 우리들은 눈을 뜰 수 있지. 그래서 우리는 만나게 되는 거란다."

할아버지의 말씀을 듣고 있던 틸틸의 눈에 나뭇가지에 앉아있는 파랑새가 들어왔다. 드디어 파랑새를 찾은 것이다. 할머니, 할아버지와의 아쉬운 만남을 뒤로 한 채 아이들은 파랑새를 안고 숲을 빠져나왔다. 그런데 파랑새는 불에 탄 것처럼 새까맣게 변해 있었다. 안타깝긴 했지만, 추억의 나라에서 찾은 새는 진짜 파랑새가 아니었던 것이다.

빛의 요정이 다음으로 데려간 곳은 밤의 궁전이었다. 궁전에는 수많은 방이 있었는데, 그 방에는 달님과 별님, 유령들이 살고 있었다. 맨 끝에 있는 방문을 열자 넓고 화려한 뜰에 아름다운 꽃들이 가득 피어있었다. 그윽한 꽃향기에 취해있던 오누이

앞에 꽃밭 위를 날아다니는 파랑새가 나타났다. 파랑새를 찾은 기쁨도 잠시, 빛의 요정은 이렇게 말한다.

"저 새들은 환한 낮에는 살지 못하기 때문에 데려갈 수 없어. 어두운 곳에서만 살아왔거든."

말 그대로 이곳은 밤의 궁전이었던 것이다. 남매는 다시 길을 떠나 나무의 나라에 도착했다. 그러나 떡갈나무를 비롯한 여러 나무들은 오누이의 아버지가 자신들을 수없이 베어 갔다고 하면서 아이들을 공격하려 하였다. 빛의 요정은 빨리 다이아몬드를 왼쪽으로 돌리라고 외쳤다. 틸틸이 다이아몬드를 돌리자 나무들은 사라지고 오누이는 어느덧 세상의 모든 행복을 모아 놓은 나라에 도착해 있었다.

이곳에는 건강의 행복, 사랑의 행복, 고마움의 행복 등이 살고 있었다. 그때 가족의 행복이 나타나 이곳에는 행복이 넘쳐나기 때문에 파랑새가 없다고 말한다. 그럼 파랑새는 불행한 곳에 있느냐고 묻자, 가족의 행복이 살며시 미소 지으면서 그것은 스스로 깨달아야 한다고 말한다. 이곳을 떠난 틸틸과 미틸은 앞으로 태어날 아기들이 살고 있는 미래의 나라에 도착해 수학자, 발명가, 요리사, 축구 선수, 탐험가 등이 될 아이들을 만났지만 그곳에도 파랑새는 없었다. 진정 파랑새는 어디에 있을까?

"얘들아, 그만 일어나야지."

엄마의 목소리에 틸틸과 미틸은 잠에서 깨어났다. 꿈이었던 것이다. 그때 옆집 아주머니가 아이들이 키우는 비둘기를 빌리러 왔다. 아픈 딸이 꼭 보고 싶어 한다는 것이었다. 비둘기를 가지러 간 오누이는 깜짝 놀라고 말았다. 비둘기가 파랑새로 변해 있었기 때문이다. 그렇게 찾아 헤맸던 파랑새는 어디에도 아닌 바로 자신들의 곁에 있었던 것이다.

코밑에 있는 행복

「파랑새」는 어린아이의 눈에 비친 행복은 과거나 미래가 아니라 현재에 있음을 담백하게 그리고 있는 명작이다. 어린아이와 달리 오늘을 사는 어른들은 어쩌면 최고의 가치인 행복을 현재가 아니라 과거나 미래에서 찾고 있는지도 모를 일이다.

기독교 신학뿐만 아니라 서양 철학사에서 중요한 위치를 차지하고 있는 아우구스티누스(Aurelius Augustinus Hipponensis, 354~430)는 "과거는 기억, 미래는 기대."라고 하였다. 마음속에 새겨진 사건이나 감정을 과거라 규정하고, 앞으로 이렇게 되었으면 좋겠다는 기대를 미래라고 가정한 것이다. 인간은 마음속에 과거와 미래를 동시에 지니고 현재를 살아가는 존재다.

우리 주변에는 삶의 중심을 과거에 두고 살아가는 사람이 꽤 많다. 특히 과거에는 잘나갔지만, 현재는 그렇지 못한 사람일수록 이런 경향이 강하다. 이 사람이 학창 시절 공부도 못하고 친구들로부터 따돌림을 당했던 한 친구를 우연히 만났다고 가정해보자. 그런데 그 친구는 현재 크게 성공하여 남들의 부러움을 받고 있었다. 그 친구를 만나고 돌아오는 발걸음이 결코 가볍지 않을 것이다. 마음속에 '이 녀석 옛날에는 나보다 공부도 못하고 찌질했는데 말이야.'라는 생각으로 가득할 것이다. 어쩌면 이렇게라도 생각해야 현재 자신의 모습을 위로할 수 있을지 모를 일이다.

그러나 과거의 기억으로 현재의 가치를 평가할 수는 없는 일이다. 학창 시절 자신보다 공부를 못했다고 해서 현재에도 그렇게 살아야 하는 것은 아니기 때문이다. 인간은 끊임없이 자신을 변화시키면서 사는 존재다. 그 다이내믹한 흐름을 읽지 못하면 과거에 얽매일 수밖에 없다. 과거에 집착해서 현재를 살아가는 것은 스스로를 힘들게 할 뿐이다. 과거 권력이 현재 권력을 이길 수는 없는 법이다.

반대로 삶의 중심을 미래에 두고 살아가는 사람들이 있다. 이런 사람들에게 현재는 행복한 미래를 위해 희생하고 참아야 하는 과정일 뿐이다. 마치 중고등학생들에게 대학교에 들어가면 행복이 보장되니 무조건 참아야 한다고 말하는 것과 같다. 그들에게 대학 생활은 또 다른 미래, 즉 취업을 위한 과정이 될 것이며, 취업은 승진을 위한 과정으로 전락할 것이다. 삶 전체가 미래를 위한 과정뿐인 삶이 과연 행복할 수 있을까? 달라이 라마는 이렇게 말한 적이 있다.

"Judge your success by what you had to give up in order to get it."

성공은 그것을 위해 포기해야 했던 것들에 의해 평가된다는 뜻이다. 미래의 성공을 위한다는 명분으로 휴일에 아이들과 놀아줄 시간을 포기하는 가장의 모습을 생각하면 될 것이다. 현재의 소중한 시간을 포기할 만큼 대단한 미래라는 것이 존재하는 것일까? 그리고 성공이라는 미래가 진정한 행복을 보장하는 것일까?

'독친(毒親, toxic parents)'이란 신조어가 생겼다고 한다. 아이들에게 독이 되는 부모라는 뜻이다. 특히 학력이 높은 부모들에게 많이 나타난다고 한다. 독친은 어릴 때부터 아이의 미래를 설계하고, 그에 따라 모든 스케줄을 관리한다. 그러니 아이들은 초등학교부터 이 학원 저 학원으로 끌려다닐 수밖에 없다. 현재라는 소중한 시간을 빼앗긴 아이들의 삶에는 오직 정체불명의 미래만 있을 뿐이다.

'인간극장'이라는 TV 프로그램의 한 장면이다. 산속에서 나물을 캐던 할머니가 취재진에게 행복이 어디 있는지 아느냐고 물었다. 모른다고 하자 할머니의 입에서 이런 대답이 나왔다.

"코밑에."

행복은 내가 숨 쉬는 지금 이곳에 있다는 멋진 답변이었다. 삶의 중심을 과거나 미래에 두는 한 행복은 결코 다가오지 않을 것이다. 지금 여기에서 행복할 수 없다면, 미래의 행복 역시 보장할 수 없다. 우리는 '영원한 지금(eternal now)'을 살기 때문이다. 「파랑새」는 우리에게 근원적인 질문을 던지고 있다. 추억의 나라에도, 미래의 나라에도 없는 진정한 행복은 어디에 있느냐고 말이다. 현재(present)라는 선물(present)은 언제나 내 앞에 놓여 있지만, 과거나 미래에 집착하는 이들에게 등잔 밑은 늘 어두운 법이다.

아낌없이 주는 나무

(사랑)

철학자와 함께 읽는 동화

사랑이란 무엇인가

'사랑'이란 단어만큼 사람을 설레게 하고 가슴 먹먹하게 하는 것이 또 있을까? 사랑의 대상이 연인이든 부모님이든 우리는 그 속에서 기쁨과 고통을 함께 느끼면서 살아간다. 그러면서 '사랑이란 무엇인가?'라는 질문을 끊임없이 던지고 그 대답을 찾아 사유하고 번민하기도 한다. 어쩌면 우리는 저마다 '사랑이라면 이러이러해야 해.'라고 규정하면서 거기에 맞지 않으면 사랑이 아니라고 단정하는 것은 아닌지 모를 일이다.

그런데 조건과 규정을 세우면서 사랑을 할 수 있을까? 조건이 있다면 그것은 사랑이 아니라 비즈니스라고 해야 할 것이다. 사랑은 하나를 주면 다른 뭔가를 받는 관계가 아니기 때문이다. 그래서 사랑을 하면 가난해진다고 한다. 사랑하는 대상을 위해 내가 가진 모든 것을 주기 때문이라는 것이다. 그럼에도 불구하고 그 속에서 행복을 느낀다고 하니, 사랑을 하면 마음만은 한없이 부유할 것이다.

여기 아무런 조건 없이, 아낌없이 내어주는 사랑에 관한 이야기가 있다. 쉘 실버스타인(Shel Silverstein, 1930~1999)의 『아낌없이 주는 나무』라는 작품이다. 이 동화는 사랑에 대한 의미를 되돌아보게 한다.

* * *

아주 오래전 소년을 사랑하는 한 그루 나무가 있었다. 소년은 매일같이 나무에게 와서 떨어진 나뭇잎으로 왕관을 만들어 쓰고 임금 놀이를 하면서 놀았다. 나뭇가지에 매달려 그네를 타고 사과를 따 먹기도 하였다. 소년은 나무와 숨바꼭질 놀이도 했으며, 놀다 지치면 나무 그늘 아래서 낮잠을 자기도 하였다.

소년 역시 나무를 사랑했으며, 나무는 그런 소년에게 무언가를 줄 수 있다는 것에 마냥 행복했다. 그러는 사이 시간은 자꾸만 흘러 소년은 청년이 되었고, 나무는 혼자 있는 시간이 부쩍 늘어났다. 어느 날 소년이 나무를 찾아오자 반기며 말했다.

"어서 오렴. 내게 올라와서 그네도 타고 사과도 따 먹으렴. 그늘에서 재미있게 놀자꾸나."

"난 나무에 올라가서 놀기엔 너무 컸는걸. 돈이 좀 필요한데, 줄 수 있겠니? 여러 물건도 사면서 멋지게 즐기고 싶거든."

그러나 나무에게 돈이 있을 리 없었다. 그래서 나무에 달린 사과를 따다 도시에 나가 팔면 돈이 될 거라고 말했다. 그 말을 들은 소년은 나무에 올라가 사과를 따서 떠났다. 나무는 그저 행복하기만 하였다. 소년에게 줄 무언가가 있었기 때문이다.

떠나간 소년은 오랫동안 나무를 찾지 않았다. 나무는 외롭고 슬펐지만 어쩔 수 없는 일이었다. 그러던 어느 날 어른이 된 소년이 나무에게 돌아왔다. 나무는 너무 기쁜 나머지 어떻게 해야 할지 몰랐다.

"오랜만이구나. 어서 올라와 그네도 타면서 재미있게 놀자꾸

나."

"난 아주 바빠서 나무에 오를 여유가 없단다. 아내와 아이가 있었으면 좋겠는데, 그러려면 집이 필요하거든. 내게 집을 한 채 마련해 줄 수 있겠니?"

나무는 이런저런 생각 끝에 자신의 가지를 베어다 집을 지으면 행복해질 거라고 말했다. 소년은 나뭇가지를 잘라 자신의 집을 지었고, 나무는 이번에도 그저 행복하기만 하였다. 소년에게 줄 것이 있었기 때문이다.

소년은 또 오랫동안 돌아올 줄 몰랐다. 그러다 소년이 자신을 찾아올 때면 나무는 너무나 기뻤으며, 이전처럼 함께 놀고 싶었다. 그러나 나이가 들어 돌아온 소년은 자신을 멀리 태워다 줄 배 한 척이 필요하다고 말한다. 나무는 자신의 몸통을 베어 배를 만들면 먼 곳까지 항해할 수 있고 또한 행복할 수 있을 거라 말했다. 소년은 나무의 몸통으로 배를 만들어 먼 항해 길을 나섰고, 나무는 소년을 위해 무언가 할 수 있다는 것에 행복했다.

아주 오랜 시간이 흐른 뒤 이번에는 소년이 완전히 노인이 되어 돌아왔다. 나무는 소년에게 아무것도 줄 수 없다는 사실이 미안했다. 사과나 나뭇가지, 몸통 모두 소년에게 주고 없었기 때문이다. 노년이 된 소년 역시 치아가 약해져 사과를 씹을 수도 없었으며, 나무에 오르거나 그네를 탈 힘도 남아있지 않았다.

"난 이제 그런 건 필요 없어. 그저 편히 쉴 수 있었으면 좋겠어. 피곤해 죽겠거든."

이 말을 들은 나무는 있는 힘을 다해 구부정한 몸체를 똑바로 폈다.

"이보게, 앉아서 쉬기에는 늙은 나뭇등걸이 안성맞춤일세. 어서 이리 와 앉게나."

늙은 소년은 나무가 시키는 대로 엉거주춤 나뭇등걸에 앉아 쉴 수 있었다. 이번에도 나무는 그저 행복하기만 하였다. 소년이 편안히 앉을 수 있는 밑동이라도 남아있었기 때문이다.

그저 주고 싶은 마음

이 동화를 읽으면서 문득 자식을 위해서라면 무엇이든 다 내어주는 부모님의 모습이 떠올랐다. 나무는 다름 아닌 우리들의 어머니이며, 소년은 한없이 원하기만 하는 자식들의 모습이다. 명절이 되어 시골집에 내려가면 하나라도 더 챙겨주려 애쓰는 어머니는 사랑 그 자체다. 더 많이 주면 줄수록 행복감은 더욱 올라간다 하니, 사랑은 참으로 신비한 일이다.

그렇다면 어머니는 왜 자식들에게 모든 것을 내어주고도 행복할 수 있을까? 어머니에게 자식은 곧 자신과 한 몸[同體·동체]이기 때문이다. 어머니의 휴대전화에 저장된 자식의 이름이 '존재의 이유'나 '내가 사는 이유'로 되어 있는 경우를 종종 보게 된다. 이처럼 어머니에게 자식은 자신이 존재하는 이유이자 근거라 할 수 있다. 그러니 아무리 주어도 아깝지 않고 오히려 행복할 수 있는 것이다.

춘원 이광수가 지은 「애인」이란 시가 있다. 시는 이렇게 시작한다.

"님에게는 아까운 것 없이 무엇이나 바치고 싶은 이 마음, 거기서 나는 보시(布施)를 배웠노라."

춘원은 아무런 조건 없이 그저 무엇이나 주고 싶은 마음에서 보시, 즉 나눔을 배웠다고 노래하였다. 무엇이나 바치고 싶은 마음은 그 대상이 나와 하나라는 인식이 없이는 불가능하다. 나와 아무런 상관이 없는데, 어떻게 모든 것을 주고 싶은 마음이 생기겠는가. 그 대상이 곧 나와한 몸이기 때문에 아낌없이 줄 수 있는 것이다. 나에게 그 대상은 곧 사랑하는 사람, 바로 애인인 것이다.

그런데 우리가 간과해서는 안 되는 것이 있다. 그것은 바로 사랑에는 욕구를 거스르는 힘이 작동한다는 사실이다. 가수 god가 불러서 유행시킨 '어머님께'란 제목의 노래가 있다. 노랫말에 등장하는 어머니는 자장면을 싫어한다. 정말로 어머니는 자장면을 싫어할까? 배가 고픈 상황에서 어머니라고 왜 자장면이 먹고 싶지 않겠는가. 그러나 어머니는 자식이 맛있게 먹는 데 주저할까 봐 스스로 자장면을 싫어한다고 말한 것이다. 어머니들이 생선 부위 중에서도 유독 머리와 꼬리만을 좋아하는 이유도 여기에 있다. 먹고 싶은 욕구를 거스르면서 사랑하는 이를 위해 모든 것을 주고 싶은 마음, 거기에 사랑의 위대함이 있는 것이다. 사랑은 곧 '욕구 거스르기'였던 것이다.

불교에는 이러한 욕구 거스르기를 상징하는 인물이 있는데, 바로 지장보살(地藏菩薩)이다. 사찰에 가면 지장전(地藏殿) 혹은 명부전(冥府殿)이라는 전각에 모셔져 있는 보살이다. 이분은 이름에서 드러나듯이 추위에 떨고 있는 사람들에게 옷가지를 모두 벗어주고 자신은 땅을 파고 들어가 추위를 피했다는 보살이다. 지장보살이라고 왜 춥지 않았겠는가. 비록 춥지만 자신의 욕구를 거스르면서 다른 이를 위해 옷을 벗어주었던 것이다. 지장보살은 다름 아닌 욕구 거스르기의 달인이자 사랑의 화신이다.

동화 속에 나오는 나무나 어머니, 지장보살의 사랑을 우리는 '궁극적(ultimate)'이라고 불러도 좋을 듯싶다. 하나를 주면 하나를 받는 조건적인 사랑이 아니라, 그 대상을 위해 자신이 가진 모든 것을 내어주는 사랑이기 때문이다. 설령 그것이 목숨이라 하더라도 기꺼이 내어줄 수 있기에, 그 사랑은 무한하고 무조건적이다. 그 바탕에 나와 대상이 한 몸이라는 인문 정신이 놓여있음은 말할 것도 없다.

그러나 간과하지 말도록 하자. 동화 속에 등장하는 나무도 소년의 배를 만들어주기 위해 자신의 몸통이 잘려 나갈 때 아픔을 느낀다는 사실을 말이다. 어머니도 배고픔을 느낄 줄 알며, 지장보살도 추위를 아는 분이다. 어머니도 자장면이나 생선 몸통을 좋아하며, 지장보살도 추울 때는 따뜻한 옷을 입고 싶어 한다.

언제까지 우리는 나무와 부모님, 지장보살님께 더 달라고만 할 것인가. 사랑이란 이름 속에 감춰진 그분들의 욕구를 이제는 소년과 자식, 중생들이 헤아려야 하지 않을까? 자식이 어머니의 존재 이유인 것처럼, 어머니 역시 자식의 존재 이유이기 때문이다. 마지막 남은 나무의 밑동과 뿌리마저 달라고 떼쓰는 우를 범하지 말도록 하자.

마음 읽기 04

토끼와 거북이

(오만)

철학자와 함께 읽는 동화

  총선이 끝날 때마다 사람들에게 회자되는 단어가 있는데, 바로 '오만'이다. 정치 평론가뿐만 아니라 많은 시민들은 선거에 진 정당을 향해 오만이 선거 참패를 불러왔다고 분석한다. 국민의 생각은 아랑곳하지 않고 기득권을 지키기 위해 진흙탕 싸움을 하는 모습을 보면서 민심(民心)은 분노의 한 표를 던져 그들을 심판한다. 그런 면에서 보면 선거는 민심이 얼마나 무서운지 그리고 왜 민심을 천심(天心)이라 했는지 확인하는 시간이라고 할 수 있다.

  '태도나 행동이 건방지거나 거만함 또는 그 태도나 행동.'

  사전에 나와있는 오만에 대한 정의다. 이와 비슷한 말로 자만이 있는데, 두 말이 사용되는 맥락이나 뉘앙스의 차이를 제외하면 같은 의미라고 할 것이다. 오만이든 자만이든 그것은 자신이 대상에 대해 모두 안다고 생각할 때 자주 일어난다. 태도나 행동이 건방지거나 거만한 것도 여기에서 기인한다.

  오만과 어울리는 동화로 이솝 우화 가운데 많이 알려진 「토끼와 거북이」가 있다. 토끼가 거북이에게 패한 것도 결국은 오만했기 때문이다. 오만은 스스로를 해치는 위험한 무기와 같다.

어느 날 거북이가 숲속을 엉금엉금 기어가고 있었다. 그런데 깡충깡충 뛰어가던 토끼가 느릿느릿 기어가는 거북이의 모습을 보면서 이렇게 놀려댔다.

"비켜라, 비켜! 토끼님이 나가신다. 느림보는 얼른 길을 비켜라."

약이 오른 거북이는 걸음을 멈추고 토끼에게 말했다.

"이것 봐, 토끼야. 저기 산꼭대기까지 누가 빨리 가는지 시합할까?"

토끼는 달리기 시합을 하자는 거북이의 제안에 코웃음이 나왔다. 보나 마나 자신이 이길 것이라 생각했기 때문이다. 드디어 시합은 시작되었고 토끼와 거북이는 동시에 산 정상을 향해 출발하였다. 토끼는 깡충깡충 뛰면서 재빨리 달려나갔고, 거북이는 땀을 흘리면서 느릿느릿 토끼의 뒤를 따라갔다. 한참을 앞서 가던 토끼는 뒤를 돌아보았지만, 거북이의 모습은 보이지 않았다.

'느림보 거북이가 어디쯤 오고 있나? 나를 쫓아오려면 한참이나 걸리겠는걸.'

이렇게 생각한 토끼는 한숨 자고 가도 충분히 거북이를 이길 것 같았다. 그래서 바위 위에 드러누워 코까지 골면서 깊은 잠에 빠지고 말았다.

한편 거북이는 토끼에 비해 느리지만 목표를 향해 쉬지 않고 엉금엉금 기어갔다. 그리고 토끼가 잠든 바위를 지나 마침내 산 정상에 도착하였다.

"야호! 토끼를 이겼다. 내가 이겼다고."

뒤늦게 잠에서 깨어난 토끼는 허둥지둥 산으로 올라갔지만 거북이는 이미 산 정상에 도착해서 쉬고 있었다. 토끼가 거북이 에게 진 것이다.

"내가 느림보에게 지다니. 으앙, 으앙!"

토끼는 후회의 눈물을 흘렸지만 이미 소용없는 일이었다.

스스로를 해치는 무기

어린 시절 「토끼와 거북이」를 읽었을 때 왜 토끼와 거북이가 달리기 시합을 했는지 이해할 수 없었다. 누구라도 결과를 쉽게 예측할 수 있 기 때문이다. 이것은 마치 토끼와 거북이가 바다에서 수영 시합을 하는 것만큼이나 불공정한 대결이다.

토끼와 거북이의 경쟁이 불공정하다는 생각은 지금도 변함이 없다. 토끼가 잠들지 않았다면 거북이에게 지는 일은 결코 없었을 것이기 때 문이다. 토끼가 대기업이라면 거북이는 중소기업에 비유할 수 있다. 자 유라는 이름으로 이 둘을 경쟁시킨다면 그 결과는 너무나도 자명하다.

이것은 마치 이종격투기 선수와 나를 링 위에 올려놓고 서로 자유롭게 싸우라고 하는 것과 같다. 아마 나는 1분도 버티지 못하고 실신할 것이다.

그래서 복싱이나 레슬링에서는 몸무게에 따라 플라이급이나 헤비급으로 구분하여 경기를 진행한다. 처음부터 불공정한 요소를 제거하고 공정한 경쟁을 위한 규칙을 정하는 것이다. 스포츠가 아름다운 이유이기도 하다.

이것은 한 사회에 있어서도 마찬가지다. 강자와 약자가 자연적인 상태에서 경쟁하면 그 결과가 너무 자명하기에 국가는 공정한 게임 룰을 만들어야 한다. 대기업의 독과점과 불공정 거래를 제한하는 일이나, 골목 상권 침해를 금지하는 것 등이 이에 해당된다. 국가는 제도라는 틀을 통해서 공정한 게임을 진행하는 일종의 심판 역할을 해야 한다. 인간 사회는 힘센 사자가 연약한 양을 잡아먹는 일을 당연하게 생각하는 자연 상태가 아니다.

이런 생각 때문인지 「토끼와 거북이」 이야기는 내게 그리 큰 감흥으로 다가오지 않았다. 거북이처럼 열약한 조건에서도 꾸준히 노력하면 성공한다는 교훈 역시 마찬가지였다. '개천에서 용 나는 일'이 불가능해진 '헬조선(Hell朝鮮)' 사회에서 그 의미를 찾는 일이 민망하기 때문이다. 반면 토끼처럼 오만에 빠지면 스스로를 해칠 수 있다는 교훈은 인간의 실존에 관한 이야기로 다가왔다. 오만이란 감정은 일상에서 흔하게 작동하기 때문이다.

앞서 말한 것처럼 오만은 대상을 모두 안다고 생각할 때 많이 일어난다. 그러면 대상에 대해서 더 이상 알려고 하지 않는다. 그 대상이 사람이든 아니면 산 혹은 바다든 관계없이 우리가 오만에 빠지면 스스로를 해칠 수 있다. 수영을 잘하는 사람들이 바다에서 헤엄치다가 사고를 당하는 경우가 종종 있다. 초보자는 바다를 잘 모르기 때문에 더 알려고 하고 또한 바다를 두려워하기 때문에 준비 운동을 철저히 한다. 반면에 수영을 잘하는 사람은 바다를 모두 안다고 생각해 준비 운동을 소홀히 할 수 있다. 이런 오만의 감정이 일어나는 순간 바다는 나를 해칠 준비를 한다. 등산하다가 사고를 당하는 경우도 마찬가지다. 산깨나 탄다는 사람들에게 오만이라는 감정이 찾아올 때, 불행은 그저 쉽게 지나가지 않는다.

그 대상이 사람인 경우도 마찬가지다. 부모 자식 간에도 서로를 잘 안다고 생각하면 더 이상 알려고 하지 않는다. 우리나라 어머니들은 종종 자신의 배로 낳았기 때문에 그 누구보다 자식을 잘 안다고 말한다. 그러나 자식을 가장 모르는 사람이 어머니일 수도 있다. 그래서 관심을 갖지 않으면 자식이 성적 때문에 혹은 친구들한테 당하는 따돌림 때문에 얼마나 힘들어하는지 알 수 없다. 어머니를 잘 안다고 생각하는 자식들 역시 혼자 되신 어머도 이성에 대한 사랑을 느끼며, 남자친구를 원한다는 것을 모르는 경우가 많다. 상대에 대해 더 이상 알려고 하지 않을 때, 즉 오만이라는 감정이 일어날 때 사랑하는 사람이 내 곁을 떠날 수도 있다는 사실을 간과해서는 안 된다.

우리 주위에는 자신의 건강은 자신이 가장 잘 안다고 말하는 사람들이 있다. 그런 사람일수록 자신의 몸에 대해 더 이상 알려고 하지 않는 경우가 많다. 그래서 건강 검진도 받지 않고 자기 마음대로 생활하다 보면 어느 순간 몸이 망가지게 된다. 오만이 무서운 이유도 여기에 있다.

동화 속의 토끼는 오만이라는 감정 때문에 낮잠을 잤고 결코 질 수 없는 게임에서 진 것이다. 오만, 그것은 스스로를 파괴하는 위험한 무기다. 그것은 너무 평범해서 쉽게 지나칠 수 있는 감정이다. 지금 이 순간, 내가 가장 잘 안다고 생각하는 대상을 떠올려보자. 그 사람이 나를 떠나기 전에 말이다.

상대에 대해 더 이상 알려고 하지 않을 때,
즉 오만이라는 감정이 일어날 때
사랑하는 사람이 내 곁을 떠날 수도 있다는 사실을
간과해서는 안 된다.

빨간 구두

(금지된 욕망)

철학자와 함께 읽는 동화

욕망의 속살

빨간색은 흔히 '정열'을 상징한다. 사랑하는 연인에게 선물하는 빨간 장미에는 그녀를 향한 정열이 담겨있다. 이와는 달리 빨간색은 금지를 의미하기도 한다. 그래서 19세 미만은 보지 말라는 '19금' 표시에는 다른 색이 아니라 빨간색이 사용된다. 어찌 보면 빨간색은 금지된 것을 열망하는 인간의 욕망을 담고 있는 것 같다.

인간은 금지하면 할수록 더욱더 욕망하는 존재다. 장발을 단속하던 시대에 젊은이들이 경찰의 눈을 피해 가며 머리를 길렀던 이유도 여기에 있다. 이러한 금지된 욕망을 담은 동화가 있는데, 바로 덴마크 동화 작가 안데르센(Hans Christian Andersen, 1805~1875)의 「빨간 구두」다. 이 동화를 통해 인간에 내재된 욕망의 속살을 살짝 들여다보기로 하자.

* * *

옛날 어느 마을에 카렌이라는 귀엽고 예쁜 소녀가 병든 어머니와 단둘이 살고 있었다. 소녀는 신발을 살 돈이 없을 만큼 가난했기 때문에 여름에는 맨발로 다니고 겨울에는 나막신을 신고 다녀야 했다. 맨발로 걷다가 유리 조각에 찔리기도 하였고, 무거운 나막신을 신고 다니다가 발등에 피가 맺히기도 하였다. 이를 가엾게 여긴 마을의 구둣방 할머니는 카렌에게 빨간 천으로 만든 구두를 선물로 주었다.

그러던 어느 날 병든 어머니가 세상을 떠났다. 카렌은 어머니의 장례식에 신고 갈 검정 구두가 없었기 때문에 사람들의 눈총을 받으면서도 빨간 구두를 신어야 했다. 그런데 우연히 마차를 타고 이곳을 지나가던 돈 많고 인자한 할머니가 장례식에서 빨간 구두를 신은 카렌을 보고 의아해했다. 소녀의 딱한 사정을 알게 된 할머니는 카렌을 데리고 와서 함께 살았다. 그리고 할머니는 빨간 구두를 활활 타오르는 난롯불에 집어넣었다. 카렌은 빨간 구두가 부자 할머니와 만나는 행운을 가져다준 것이라 생각하였다.

할머니와 함께 살게 된 카렌은 어느덧 예쁜 아가씨로 자랐다. 어느 날 여왕과 공주가 여행을 하다 이 마을을 지나게 되었는데, 그때 공주는 빨간 구두를 신고 있었다. 그 모습을 본 카렌은 이 세상에서 빨간 구두보다 예쁜 구두는 없다고 생각했다.

어느 날, 할머니는 교회에 신고 갈 검정 구두를 사기 위해 구둣방으로 카렌을 데리고 갔다. 진열장에는 공주가 신었던 것과 똑같이 생긴 빨간 구두가 놓여있었다. 에나멜가죽으로 만든 빨간 구두는 카렌의 발에 딱 맞았다. 노안으로 눈이 어두워져 색깔을 구분하지 못한 할머니는 그것이 검정 구두인 줄 알고 카렌에게 사주었다.

다음 날 예배를 마친 할머니는 사람들의 입을 통해서 카렌이 자기를 속이고 빨간 구두를 신고 교회에 왔다는 사실을 알게 되었다. 할머니는 카렌을 심하게 꾸짖고 다시는 빨간 구두를 신고 교회에 오지 않겠다는 다짐을 받았지만, 다음 예배에도 그녀가 선택한 신발은 빨간 구두였다. 예쁘게 보이고 싶은 열망이 너무 강했기 때문이다.

예배를 마치고 할머니를 따라 마차에 오르려 하자 아침에 교회 앞에서 만났던 늙은 군인이 "예쁜 빨간 구두야, 신나게 춤을 추어라."라고 외쳤다. 그러자 카렌의 두 다리가 저절로 움직이며 신나게 춤을 추기 시작했다. 카렌이 아무리 멈추려 해도 멈춰지지 않았다. 깜짝 놀란 마부가 카렌의 구두를 벗기고 나서야 비로소 춤이 멈췄다. 자신을 또 다시 속였다는 것을 알게 된 할머니는 빨간 구두를 저 멀리 버렸지만, 카렌은 몰래 구두를 찾아다가 깊숙이 숨겨두었다.

얼마 후 할머니는 병이 들어 자리에 눕게 되었다. 그 무렵 마을에서 열리는 무도회 초대장이 왔지만, 카렌은 할머니가 언제 돌아가실지 모를 정도로 병이 깊었기 때문에 옆에서 간호해드리고 싶었다. 그런데 숨겨두었던 빨간 구두를 보자 자신도 모르게 신고 싶은 욕망이 생겼다. 조금은 망설였지만, 카렌은 빨간 구두를 신고 말았다. 그러자 자신의 의지와는 관계없이 집을 나와 무도회장으로 들어가서 춤을 추기 시작했다. 카렌은 춤을 멈추고 싶었지만 그럴 수가 없었다. 급기야 그녀는 무도회장을 벗어나서 거리로 나와 계속 춤을 추기 시작했다. 춤은 밤낮으로 계속되었고 빨간 구두는 그녀를 교회 묘지 안으로 데려가기도 하였다. 그때 갑자기 천사가 나타나서 엄숙한 얼굴로 온몸에 뼈만 남을 때까지 계속 춤을 추라고 말하였다.

그러는 사이 할머니는 돌아가셨고 카렌은 계속 춤을 춰야만 했다. 진심으로 자신의 잘못을 뉘우쳤지만 아무 소용없었다. 가시에 긁혀 옷이 찢어지고 온몸은 상처투성이가 된 카렌은 죄수의 목을 베는 아저씨에게 부탁해서 자신의 발목을 자르고 나서야 비로소 춤을 멈출 수가 있었다.

잘린 발목 대신 목발을 한 카렌은 눈물을 흘리면서 자신의 잘못을 반성하고 교회에서 부모 잃은 아이들을 동생처럼 보살펴주었다. 그러던 어느 날 천사가 나타나 신의 용서를 받았다고 말하면서 카렌의 영혼을 데리고 하늘나라로 올라갔다. 그곳에는 카렌의 빨간 구두를 아는 사람이 아무도 없었다.

진짜 내가 원하는 것

동화 「빨간 구두」는 자신의 욕망으로 인해 고통받고, 그 욕망을 버림으로써 용서와 함께 신의 은총을 받았다는 이야기다. 프랑스 정신분석학자인 자크 라캉(Jacques Lacan, 1901~1981)에 의하면 인간은 금지된 것만을 욕망하는 존재다. 이 말에는 금지된 것이 없다면 욕망도 있을 수 없다는 의미가 담겨있다. 예를 들어 선생님이 학생들에게 19금 영화는 보면 안 된다고 말했다고 하자. 이때 19금 영화는 금지 대상이기 때문에 학생들이 안 볼지 몰라도 보고 싶은 욕망은 더욱 강렬할 것이다. 물론 금기를 깨고 자신의 욕망을 따르는 학생들도 있지만 말이다. 어머니가 아이에게 불량식품을 먹지 말라고 했지만, 아이들이 자꾸 먹고 싶어 하는 것도 이러한 차원에서 이해할 수 있다. 금지의 대상은 동시에 욕망의 대상인 것이다.

지금은 금지의 대상이지만, 과거 자신에게 기쁨을 준 어떤 물건이 있다고 해보자. 그 물건과의 즐거웠던 기억은 무의식 속에서 사라지지 않고 현재에도 여전히 영향을 주고 있다. 어릴 적 구둣방 할머니가 선물했던 천으로 만든 빨간 구두는 카렌에게 기쁨의 대상이었다. 맨발 신세를 면하게 해주었을 뿐만 아니라 부자 할머니를 만나게 해준 고마운 존재였기 때문이다. 할머니는 그것을 어머니 장례식장에서 난롯불에 태워버렸다. 이제 카렌에게 빨간 구두는 '잃어버린 기쁨'이 되었다. 그런데 우연히 빨간 구두를 신은 공주를 본 카렌은 잃어버린 기쁨을 찾고자 하는 욕망이 불타올랐고, 마침내 할머니의 노안을 이용해 기쁨의 대상이자 동시에 금지의 대상이었던 빨간 구두를 신을 수 있었다.

인간은 사랑받기를 원하는 존재다. 그러하기에 사랑받을 수 있는 조건이 충분하지 않으면 사랑받기 위한 나름의 전략을 수립하게 된다. 그것은 곧 상대가 원하는 방향으로 행동하는 일이다. 드라마에 자주 등장하는 것처럼, 밖에서 낳아 데리고 온 아이가 본처의 자녀보다 공부도 더 잘하고 성숙한 모습을 보이는 것도 바로 이 때문이다.

동화 속 카렌은 할머니의 친손녀가 아니라 데려다 키운 아이다. 그렇기 때문에 카렌은 할머니에게 사랑받기 위해 노력했을 것이다. 그것은 할머니의 욕망을 읽고 그것에 자신을 맞추는 행동으로 나타난다. 즉, 할머니가 좋아하고 원하는 대로 행동하는 것이다.

그렇지만 카렌은 동시에 자신의 욕망을 포기할 수 없었다. 그녀는 할머니의 욕망만을 따르기에는 너무 주체적인 여성이었다. 빨간 구두를 신고 싶은 자신의 욕망에 더 충실했던 것이다. 비록 신의 용서를 받긴 했지만, 자신의 욕망을 따른 대가치고는 너무 잔인했다. 수십 년이 지나 「빨간 구두」를 다시 읽는 내내 마음이 불편했다. 카렌의 욕망이 그렇게 잘못된 것일까 하는 의문이 들었던 것이다. 특히 종교라는 이름으로 인간의 욕망을 억압했던 서구 중세의 분위기가 느껴져서 더욱 그랬다.

한때 사회적 반향을 불러일으킨 박범신 작가의 소설 『은교』는 인간의 금지된 욕망에 관한 이야기다. 어쩌면 인간이 존재한다는 것은 욕망한다는 의미가 아닐까? 욕망하지 않는다는 것은 더 이상 살아있지 않다는 것을 의미하기 때문이다. 중요한 것은 내가 욕망하는 것이 과연 무엇인가 하는 것이다. 자신을 들여다보지 않으면 절대 알 수 없는 일이다.

사회적 제도나 관습, 이데올로기 등이 우리에게 강요하는 것을 혹여 자신의 욕망이라고 믿고 있는 것은 아닌지 돌아볼 일이다. 라캉의 지적처럼 인간은 타인의 욕망을 욕망하는 존재이기 때문이다. 유명 대학이나 인기 학과에 들어가길 원하는 부모의 욕망이 자신의 욕망이라고 생각하는 학생들이 적지 않다. 그것이 자신의 욕망인지 아니면 부모의 욕망인지 아는 방법이 특별히 있는 것은 아니다. 다만 그것을 직접 해보고 확인하는 길밖에 없다. 실제로 행복을 느낀다면 자신의 욕망이겠지만, 그렇지 않다면 부모의 욕망이 자신에게 투영된 것이다.

동화 「빨간 구두」를 통해 나에게 금지된 것과 내가 욕망하는 것이 무엇인지 한번 돌아보기로 하자. 혹시 알겠는가? 내가 모르고 있던 진짜 욕망을 발견하게 될지 말이다. 흔히 말하는 자아 찾기는 이로부터 시작될 것이다.

흥부와 놀부

(질투)

철학자와 함께 읽는 동화

　질투는 자신의 능력을 향상시키는 힘으로 작동하기도 하지만, 대개는 스스로를 파멸의 길로 이끈다. 왜냐하면 질투에는 누군가를 미워하는 에너지가 자리하고 있기 때문이다. 그래서 누군가를 질투하게 되면 행복한 것이 아니라 오히려 불행하다. 17세기 철학자 스피노자(Baruch Spinoza, 1632~1677)가 말한 질투에 대한 정의다.

　"질투란 타인의 행복을 슬퍼하고 반대로 타인의 불행을 기뻐하도록 인간을 자극하는 한에서의 미움이다."

　누군가를 사랑하면 그 사람의 행복을 기뻐하고 불행을 슬퍼하기 마련이다. 반대로 누군가를 미워하면 그 사람이 잘되는 꼴을 보는 것이 힘들다. 상대의 불행을 기뻐하는 비인간적인 모습을 보이기도 한다. 스피노자는 질투에 이러한 미움의 감정이 자리하고 있다고 분석한 것이다.

　전래 동화 「흥부와 놀부」를 이러한 질투의 시각에서 다시 읽어보면 어떨까? 욕심 많은 형 놀부는 착한 동생 흥부를 질투해서 자신의 불행을 연출했으니 말이다. 동화 속으로 들어가보자.

* * *

　옛날에 놀부와 흥부가 살고 있었는데, 부모님이 돌아가시자
형 놀부가 모든 재산을 차지하고 동생 흥부를 내쫓았다. 졸지

에 가난한 처지가 된 흥부가 보리쌀 한 되를 얻으려 놀부의 집을 찾아가면 놀부 마누라는 밥주걱으로 흥부의 뺨을 때리곤 하였다. 자신의 뺨에 붙은 밥풀을 떼어 먹는 처지가 초라했지만 어쩔 수 없는 일이었다.

그러던 어느 날 흥부는 다리가 부러진 새끼 제비 한 마리를 잘 치료해주었다. 이듬해 봄날 그 제비가 돌아와 박씨를 떨어트리자 흥부는 그것을 담장 밑에 심었다. 가을이 되자 지붕에 커다란 박이 열렸고, 흥부네 식구는 톱으로 그것을 타기 시작했다.

마침내 박이 갈라지자 그 안에는 쌀과 금은보화, 비단 등이 가득 들어있었다. 그뿐만 아니라 다른 박에서는 목수들이 나와서 멋진 기와집을 지어주었다. 가난하게 살던 흥부가 제비가 물어다 준 박씨 덕분에 부자가 된 것이다.

한편 이 소식을 들은 놀부는 자신도 흥부처럼 수많은 재물을 얻기 위해 일부러 제비의 다리를 부러트리고 치료해주었다. 다음 해 제비가 박씨를 물어다 주자 놀부는 싱글벙글 웃으면서 심었고 가을에 열린 박을 톱질하기 시작했다.

금은보화를 기대하면서 박을 탔지만, 놀부네 박에서는 누런 똥물이 나오기 시작했다. 그리고 다른 박에서는 도깨비가 나와 놀부네 가족들을 방망이로 때리는 것이었다. 이뿐만이 아니었다. 또 다른 박에서는 도둑들이 나와서 놀부의 집에 있는 모든 물건들을 훔쳐갔다. 하루아침에 놀부는 거지 신세가 되고 말았다.

이 소식을 들은 착한 흥부는 한걸음에 놀부의 집으로 달려가 자신과 함께 살자고 말했다. 동생의 착한 마음씨에 감동한 놀부는 자신의 잘못을 뉘우치고 흥부와 사이좋게 살았다.

공동 주연의 삶

「흥부와 놀부」는 착한 일을 하면 복을 받고 악한 행동을 하면 화가 미친다는 인과응보(因果應報)의 정서가 많이 담긴 동화다. 이런 이야기에는 조금 가난하더라도 착하게 살면 언젠가는 복이 올 것이라는 우리 선인들의 믿음이 반영되어 있다.

자본과 물질이 주인이 되어버린 오늘날에는 흥부처럼 살다가는 늘 손해만 보고 평생 가난에서 벗어나지 못한다는 생각이 훨씬 강하게 자리하고 있다. 그래서 많은 사람들은 착한 흥부가 아니라 욕심 많은 놀부의 삶을 지향해야 잘살 수 있다고 말한다. 이 험한 세상에서 살아가려면 어쩔 수 없는 일이라는 것이다.

다시 읽은 「흥부와 놀부」는 이런 관점보다는 갑자기 부자가 된 흥부에게 질투를 느낀 놀부의 감정에 더욱 관심이 갔다. 질투라는 감정은 문제의식을 느끼지 못할 정도로 우리 삶의 일부가 되어버렸기 때문인지도 모르겠다. 왜 우리는 상대에게 질투를 느끼는 것일까? 이번 동화의 화두다.

문득 이 동화의 주연이 누굴까 생각해보았다. 물론 보는 관점에 따라서 다를 수 있겠지만, 사람들이 좋아하는 부의 관점에서 보면 공동 주연으로 해도 좋을 것 같다. 이야기의 전반부는 놀부가 주연이고 흥부가 조연으로 등장한다. 부모님의 재산을 놀부가 모두 차지하여 삶의 헤게모니(hegemonie·주도권)를 장악했기 때문이다. 그런데 제비가 흥부에게 엄청난 부를 가져다준 이후에는 주연과 조연의 위치가 바뀐다. 부의 중심이 놀부에서 흥부에게 이동한 것이다.

철학자 강신주는 질투의 바닥에는 스스로가 주인공이 되고 싶은 감정이 똬리를 틀고 있다고 분석하였다. 질투는 자신을 주인공으로 만들어줄 수 있는 사람이 그렇게 하지 않을 때 드는 감정이기 때문이라는 것이다. 공감이 가는 분석이다.

이야기 초반에 흥부는 놀부를 주인공으로 만들어주는 조연이었다. 그런데 흥부가 부자가 되면서부터 주연과 조연이 뒤바뀐다. 이를 직감한 놀부는 흥부에게 질투를 느끼기 시작했다. 흥부가 행복해하는 모습을 고운 마음으로 바라보지 못하는 것은 당연한 일이다. 그래서 새끼 제비의 다리를 부러트리고 흥부보다 훨씬 많은 부를 차지함으로써 주연의 위치를 회복하고자 하였다.

이런 감정은 일상에서도 흔하게 일어난다. 첫째가 태어났을 때 부모의 모든 사랑과 관심은 그 아이에게로 집중된다. 여기에서 주연은 당연히 첫째 아이다. 그런데 둘째가 태어나는 순간 상황은 반전된다. 모든 관심이 둘째에게 집중됨으로써 첫째는 자신이 조연으로 전락했다고 느낀다. 동생은 자신을 주연으로 만들어줄 대상인 줄 알았는데, 오히려 반대로 된 것이다. 그래서 형이나 누나는 동생을 사랑하기보다는 미워하기 시작한다. 부모님이 보지 않을 때 동생에게 해코지하는 이유도 여기에 있다. 질투라는 감정이 싹튼 것이다.

놀부도 흥부가 태어났을 때 이런 감정이 들었을 것이다. 흥부가 어리광을 부리면 부모님이 귀엽다고 하는데, 놀부가 같은 행동을 하면 형이 되어서 그러면 되겠냐고 꾸지람도 들었을 것이다. 그때 느낀 흥부를 향한 감정이 바로 질투다. 일종의 첫째가 가진 콤플렉스라 할 것이다. 부모님이 돌아가시자 동생을 내쫓은 것도 주연으로 복귀하고자 하는 질투의 감정이 작동했기 때문이 아닐까? 놀부를 아주 관대하게 봤을 경우에 말이다.

물론 아이들이 성장하면서 상황은 또 다시 반전되어 첫째가 주연으로 복귀하기도 한다. 그래서 이번에는 동생이 형이나 언니에게 질투를 느낀다. 우리나라처럼 맏이를 중시하는 사회에서 둘째가 느끼는 콤플렉스는 더욱 크다 할 것이다.

흔히 질투라는 감정은 자신을 다른 사람과 비교했을 때 일어난다고 한다. 그런데 왜 우리는 상대와 비교하는 것일까? 그것은 바로 자신이 조연이라고 생각하기 때문이다. 그런 점에서 볼 때 질투란 내가 주인공이 되고자 발버둥치는 행위라 할 수 있다.

그렇다면 질투에서 벗어나는 길은 하나밖에 없는 것 같다. 바로 비교하지 않는 것이다. 이 말은 내가 주연임을 포기한다는 의미가 아니다. 나 혼자 주연이고 다른 사람은 조연이라는 사고에서 벗어나야 한다는 것이다. 이는 곧 단독 주연이 아니라 공동 주연임을 받아들이는 일이다.

　우리의 삶을 단독 주연이 아니라 공동 주연으로 바라보는 일은 중요하다. 왜냐하면 그것은 미움에서 사랑으로 전환하는 일이기 때문이다. 나 홀로 주연일 때는 상대의 행복에 슬픔을 느끼지만, 모두가 주연일 때는 함께 즐거워할 수 있다. 그리고 상대가 불행에 처했을 때 함께 슬퍼하고 도와주려고 한다. 흥부가 형의 불행을 외면하지 않고 함께 살자고 제안한 것도 이를 보여준다 할 것이다.

　놀부는 단독 주연의 삶을 지향했지만, 흥부는 공동 주연의 삶을 지향했다. 흥부는 그러한 삶이 행복에 더 가깝다고 생각한 것은 아닐까? 영화나 드라마에는 주연과 조연이 따로 있지만, 우리의 삶은 영화가 아니다. 우리 삶은 각자가 주연이다. 모두가 공동 주연인 것이다.

영화나 드라마에는 주연과 조연이 따로 있지만
우리의 삶은 영화가 아니다.
우리 삶은 각자가 주연이다.
모두가 공동 주연인 것이다.

돼지들의 소풍

(자기 소외)

사람들은 어떤 대상을 중심으로 이미지를 만들고 거기에 의미를 부여하면서 살아간다. 예컨대 욕심 많고 어리석은 사람을 보면, 좋지 않은 이미지를 덧붙여서 '돼지 같은 놈'이라고 말을 한다. 돼지가 음식을 게걸스럽게 먹는 모습을 보고 탐욕과 어리석음이라는 의미를 부여해서 사람에게 적용하는 것이다.

그런데 이상한 것은 똑같은 대상인데도 불구하고 정반대의 이미지를 만들어낸다는 사실이다. 사람들은 돼지꿈을 꾸고 나면 돈이 들어올 길조라고 여기며 복권을 사기도 한다. 같은 동물에게 전혀 다른 의미를 자신의 편의대로 갖다 붙이는 격이다. 돼지 자신은 그저 그렇게 생긴 것뿐인데, 거기에 이런저런 의미를 부여하는 모습을 보면 '사람들은 참 이상하다.'고 느낄 것 같다.

얼마 전 어느 모임에서 일어난 일이다. 올 사람은 다 왔는데 왜 한 명이 비는지 모르겠다고 총무가 말했다. 알고 보니 자신은 빼고 인원을 세었던 것이다. 우리는 서로를 쳐다보며 한참을 웃었다. 어린 시절 많이 읽었던 이솝 우화 「돼지들의 소풍」이 생각났기 때문이다.

* * *

어느 날 열두 마리 돼지가 즐거운 소풍을 떠났다. 돼지들은 소풍 가는 도중에 개울을 건너게 되었다. 개울을 모두 건너고 나자 대장은 혹시나 물에 빠진 녀석이 없는지 점검을 하기 시작했다.

"하나, 둘, 셋, 넷, 다섯, 여섯, 일곱, 여덟, 아홉, 열, 열하나. 어! 왜 한 명이 없는 거지? 혹시 물에 빠진 거 아냐?"

대장은 냇가를 살펴보았지만, 모두들 무사히 건너왔다. 대장은 다시 세어보았다. 그러나 이번에도 돼지는 열한 마리였다. 자신을 빼놓고 세었기 때문이다. 그러자 조금 똑똑해 보이는 돼지가 나서서 말했다.

"대장을 안 세웠으니까 그렇지. 내가 다시 세어볼게."

그 돼지는 대장부터 다시 세기 시작했다. 그러나 아무리 세어도 돼지는 열한 마리뿐이었다. 그 돼지 역시 자신을 빼놓고 숫자를 셌던 것이었다. 이번에는 다른 돼지가 나서서 말했다.

"아휴, 멍청이. 너도 너를 빼놓고 세었잖아."

그러면서 다시 숫자를 세었지만 그대로 열한 마리뿐. 그 돼지 역시 자신을 세지 않았던 것이다. 그렇게 숫자를 세다 보니 어느새 하루해가 지고 있었다. 그리고 돼지들의 소풍은 거기에서 끝나고 말았다.

초등학교 시절 선생님에게 「돼지들의 소풍」 이야기를 들었을 때, 우리는 터져 나오는 웃음을 참을 수가 없었다. 그때 우리 모두는 이렇게 생각했다.

'어쩜 그렇게 멍청할 수가 있지!'

선생님의 생각도 우리와 크게 다르지 않았던 것 같다. 돼지는 자신을 빼고 숫자를 셀만큼 어리석은 동물이니 너희들은 돼지처럼 어리석게 살면 안 된다고 말씀하셨던 것이다. 그때 우리는 모두 알았다는 듯이 고개를 끄덕였지만, 지금 와서 생각해보면 그렇게 간단히 넘어갈 문제는 아닌 것 같다. 자신을 빼고 숫자를 세는 돼지의 모습이 우리들 삶과 별반 다르지 않다는 생각이 들었기 때문이다.

사람들은 인생을 소풍에 비유하기도 한다. 천상병 시인처럼 아름다운 이 세상, 소풍 끝나는 날 가서 아름다웠다고 노래하는 사람도 있겠지만, 동화에서처럼 다른 돼지들만 세다가 정작 자신을 잃어버린 채 소풍을 마칠 수도 있다. 우리는 지금 소풍 어디쯤 와있을까? 개울을 건너기나 한 것일까, 아니면 개울을 건너서 돼지들을 세고 있는 것일까?

개울을 건너서 돼지들을 세고 있는 장면은 세상이라는 거센 물결을 헤치고 살아온 나 자신의 모습이다. '하나, 둘, 셋, 넷…' 지금 세고 있는 돼지는 다름 아닌 내가 살면서 이끌고 온 것들이다. 소중한 가족, 은행 통장 잔고, 무슨 브랜드의 몇 평짜리 아파트, 몇 cc의 자동차 등등. 그런데 이상하다. 뭔가 하나가 빠진 것 같다. 아무리 세어보아도 마찬가지다. 그때 누가 옆에서 말을 잇는다.

"너를 빼고 세고 있잖아!"

이렇게 말하는 사람 역시 자신은 세지 못하고 있다. 문득 영화 '국제시장'에서 자신의 삶은 돌보지 못한 채 가족들만 생각하는 남편에게 아내가 울먹이며 "당신 삶인데 왜 거기에 당신이 없냐."고 말하는 장면이 떠오른다.

이 장면에서는 가족들을 위해 자신을 희생하며 살아온 우리네 부모님이 생각나서 차마 동화 속 이야기와 오버랩할 수는 없을 것 같다. 그렇게 살아온 부모님들의 삶을 평가할 자격이 적어도 내게는 없다. 그래서 소풍 목록 가운데 가족은 빼야 할 것 같다. 그러면 자신은 잃어버린 채 자동차와 아파트, 통장 잔고를 세면서 살고 있는 내 모습만 남는다. 돼지와 비교해서 기분이 상한다 해도 어쩔 수 없다. 사실은 사실이니까.

이솝은 자신은 잃어버린 채 바깥 대상에만 시선을 돌리고 있는 인간의 모습을 그리고 있다. 동화에는 자신은 빼놓고 다른 돼지들만 세는 모습으로 등장하지만, 오늘의 시선으로 본다면 다른 돼지들은 다름 아닌 물질과 자본, 권력 등이라고 할 수 있다. 그것들을 추구하느라 정작 소중한 자신을 보지 못하고 있는 것이다.

아무리 '돈은 필요한 물건을 사기 위한 수단.'이라고 말해도, 돈으로 살 수 없는 것이 없는 세상에서 '돈은 단지 수단.'이라고 강조하는 것도 민망한 일이다. 어쩌면 돈은 수단이 아니라 목적의 지위를 얻고 있는지도 모를 일이다. 그러니 인생이라는 소풍에서 자신은 소외된 채 돈만을 세고 있는 것이 아니겠는가!

불교 경전에는 이솝의 이야기를 떠오르게 하는 장면이 나온다. 어느 날 부처님이 숲속에서 명상하고 있는데, 젊은이들이 숨을 헐떡이면서 다가와 물었다.

"방금 도망가는 한 여인을 보지 못했습니까?"

부처님은 왜 여인을 찾는지 그들에게 물었다. 젊은이들은 기녀(妓女)와 함께 야외로 놀러 왔는데, 그녀가 값진 패물을 몽땅 들고 도망가서 지금 찾고 있다고 답했다. 그때 부처님은 젊은이들에게 이렇게 물었다.

"젊은이들이여, 지금 달아난 여인을 찾는 것과 자기 자신을 찾는 것 중에 어느 것이 더 중요한가?"

달아난 여인을 찾고 있는 젊은이와 다른 돼지를 세고 있는 대장의 모습이 묘하게 닮았다. 달아난 여인이나 돼지 모두 삶이라는 소풍에서 우리들의 시선이 가장 많이 닿아있는 지점이다. 그것들을 찾고 세느라 정작 중요한 자신을 잃고 있는 것이다. 자기 상실, 자기 소외라는 단어는 이럴 때 쓰는 말이다. 주연 자리를 돈이나 물질, 권력 등에 내어주고 정작 자신은 엑스트라로 전락했으니 말이다. 자기 삶을 다룬 영화인데 돈과 물질, 권력만 등장하고 자신은 별로 보이지 않는 이상한 영화를 찍고 있는 셈이다.

미국의 철강 재벌이자 자선 사업가로 유명한 카네기(Andrew Carnegie, 1835~1919)는 "돈 말고는 가진 것 없는 사람만큼 불쌍한 사람도 없다."고

하였다. 우리의 삶이 돈만 세다 즐거운 소풍은 떠나지도 못한 채 끝난다면 정말 슬픈 일이다. 더 늦기 전에 부처님이 젊은이들에게 던졌던 질문을 스스로에게 던져야 한다. '뭣이 중헌디?' 하고 말이다. 돼지들의 소풍은 끝났지만, 우리들의 소풍은 아직 끝나지 않았기 때문이다.

자신은 빼놓고 숫자를 세는 돼지가
물질과 자본, 권력만 추구하느라
정작 소중한 자신을 보지 못하는
우리의 모습은 아닐까.

도깨비감투

(가면의 비밀)

무의식에 감춰진 욕망

'내가 만약 투명 인간이 된다면?'

어린 시절 한 번쯤 이런 생각을 해보지 않은 사람은 없을 것이다. 영화 '투명 인간'은 이런 호기심을 자극하기에 충분했다. 영화 속 주인공이 투명 인간이 되어 악당을 물리치는 모습을 보고 우리는 환호했다. 그리고 꿈을 꾼다. 내 모습이 보이지 않는다면, 나를 괴롭히는 녀석을 근사하게 혼내줬을 텐데 하고 말이다. 내 모습이 보이지 않는다면 무의식 속에 깊이 감춰진 욕망들이 드러나기 시작한다. 평소에 하고 싶었는데 할 수 없었던, 해서는 안 되는 일들이 보이는 것이다. 어쩌면 그것이 진짜 내 모습일지 모른다. 다만 겉으로 보이는 인격이라는 가면 뒤에 숨어있어서 드러나지 않았을 뿐.

서양에 나를 감추는 도구로써 투명 인간이 있다면, 동양에는 도깨비감투가 있다. 자신을 철저하게 감추는 초능력의 도구, 도깨비감투를 쓴 주인공 나무꾼은 과연 어떻게 되었을까?

* * *

옛날 어느 마을에 나무꾼이 살고 있었다. 그가 산에 나무를 하러 갔는데, 갑자기 비가 쏟아지기 시작했다. 그래서 나무꾼은 빈집에 들어가 비를 피했다. 밀려오는 졸음을 참을 수 없었던 나무꾼은 깜박 잠이 들고 말았다.

그런데 갑자기 시끄러운 소리가 들리기 시작했다. 잠에서 깬 나무꾼은 겁이 덜컥 나서 다락방으로 숨어들었다. 다락방 문을 살며시 열고 방 안을 살펴보던 나무꾼은 너무 놀라서 기절할 뻔했다. 도깨비들이 우르르 방 안으로 몰려들어와 춤을 추고 있었기 때문이다. 그렇게 도깨비들은 밤새 놀다가 다음 날 아침이 되어서야 방에서 나갔다.

그제야 마음이 놓인 나무꾼은 방으로 내려왔다. 그런데 나무꾼의 눈에 도깨비가 놓고 간 감투가 보였다. 그 감투를 쓴 나무꾼은 깜짝 놀랐다. 자신의 모습이 사라졌기 때문이다. 그리고 감투를 벗자 다시 자신의 모습으로 돌아오는 것이었다. 나무꾼은 이 감투만 있으면 못할 일이 없을 것이란 생각에 들뜬 마음으로 집에 돌아왔다.

집으로 돌아온 나무꾼은 도깨비감투를 쓰고 여기저기 돌아다녔는데 누구 하나 자신을 알아보는 사람이 없었다. 동네 부잣집으로 들어간 그의 눈에 엽전이 가득 담긴 상자가 보였다. 그는 주저하지 않고 엽전 꾸러미를 들고 집으로 돌아왔다.

신이 난 나무꾼은 이번에는 시장으로 갔다. 이것저것 구경하면서 떡도 훔쳐 먹고 예쁘게 생긴 신발도 훔쳤다. 반짝반짝 윤이 나는 비단도 그의 눈을 피하지 못했다. 그는 닥치는 대로 물건을 훔쳐서 집으로 돌아왔다. 평소에 가질 수 없었던 값비싼 물건이 생기자 부인도 덩달아 즐거워했다. 어느새 가난했던 나무꾼은 부자가 됐다.

그러던 어느 날 나무꾼이 대장간에 가게 되었다. 그가 대장간을 구경하고 있는데, 갑자기 쇠를 달구던 불똥이 튀어 감투에 옮겨붙었다. 나무꾼이 급하게 불을 껐지만, 도깨비감투에 커다란 구멍이 생기고 말았다. 그는 구멍 난 부분을 빨간 헝겊으로 기웠다. 그리고 여느 때처럼 감투를 쓰고 동네를 돌아다녔다.

그런데 감투에 덧댄 빨간 헝겊만 공중에서 떠다니고 있었다. 그 모습을 이상하게 여긴 동네 사람들이 빨간 헝겊을 붙잡자 나무꾼이 나타나는 것이었다. 사람들은 자신들의 물건을 훔쳐 간 도둑이 바로 나무꾼임을 알고 몽둥이로 그를 실컷 패주었다. 자신의 잘못을 알게 된 나무꾼이 용서해달라고 빌어보았지만, 이미 늦은 뒤였다.

가면 속의 나

뭔가 근사한 결말을 기대했다면, 이 전래 동화는 많은 실망을 안길 것이다. 도깨비감투를 쓰고 한 일이 겨우 남의 물건이나 훔치는 것이었으니 말이다. 적어도 투명 인간처럼 나쁜 사람을 혼내주고 정의로운 사회를 만드는 데 일조해야 하는 것 아니던가. 도깨비감투 체면이 말이 아니다.

그런데 이 동화는 솔직한 인간의 마음을 담고 있어 오히려 마음에 와 닿는다. 도깨비감투를 손에 넣었을 때, 나무꾼은 탐관오리를 혼내주거나 살기 좋은 마을을 만들겠다는 생각을 할 수 없었다. 너무 가난했기 때문이다. 그래서 평소 먹고 싶었는데 먹지 못했던 것, 돈이 없어 가질 수 없었던 것을 먼저 생각했다. 자신의 진짜 욕망이 감투를 통해 드러난 것이다. 나무꾼은 전형적인 보통 사람의 모습, 즉 우리들의 맨얼굴을 보여주고 있다.

이 동화를 다시 읽으면서 문득 '복면가왕'이라는 TV 프로그램이 생각났다. 자신이 누군지 알 수 없도록 복면을 쓴 채 노래함으로써 어떤 편견이나 선입견 없이 대중들에게 평가받는 프로그램이다. 참 멋진 발상이다. 이 프로그램이 많은 사랑을 받은 이유도 가수의 본질을 드러냈기 때문이다. 즉 그 사람의 인지도나 외모 등 외적 조건에 관계없이 얼마나 노래를 잘하는지, 얼마나 많은 사람들을 감동시킬 수 있는지를 보여줬다는 것이다. 이런 점에서 '복면가왕'의 주제는 복면을 통한 가수의 본질 찾기라고 할 수 있다.

복면에는 상반된 두 가지 속성이 있는 것 같다. 하나는 자신의 진짜 모습을 드러내고 싶은데, 복면을 쓰면 그러지 못하기 때문에 답답하다는 것이다. 대체로 외향적인 사람이 이에 속한다. 반면에 내향적인 사람들은 복면을 오히려 편하게 생각한다. 맨얼굴로 사람들 앞에 서면 긴장

감과 부담감 때문에 자신의 실력을 마음껏 펼치지 못하는데, 얼굴을 가리고 노래하기 때문에 오히려 편안하게 실력을 드러낼 수 있다는 것이다. 선글라스를 쓰고 노래 부르는 사람의 심리도 이와 비슷하지 않을까?

기본적으로 복면이든 가면이든 이 물건은 나를 가리는 데 쓰는 도구다. 이러한 도구들은 우리 일상에서도 쉽게 만날 수 있다. 사람들이 좋아하는 돈이나 명품 가방, 고가의 자동차, 유명 브랜드의 아파트, 통장 잔고 등도 우리의 진짜 모습을 가리고 있는 가면들이다. 우리는 이러한 가면을 쓰고 사는 모습이 진짜 나라고 착각하거나, 아니면 사람들이 그렇게 생각하기를 바라면서 살고 있다.

그렇다면 우리가 가면을 쓰는 이유는 어디에 있을까? 그것은 바로 자신의 참모습을 드러낼 용기가 없기 때문이다. 가면을 벗었을 때 사람들이 과연 나를 있는 그대로 받아들일 수 있을까 하는 두려움이 우리 안에 숨어있는 것이다.

나이도 일종의 가면이라 할 수 있다. 사람들은 나이를 먹으면 원숙하고 여유로운 눈으로 세상을 관조할 수 있다고 말한다. 그래서 '나이 들면 알게 돼.'라는 말을 많이 한다. 물론 실제로 그런 사람들도 있지만, 노년의 원숙미와 여유를 앞세워 자신의 모습을 감추는 이들도 의외로 많다. 특히 부당하거나 정의롭지 못한 상황을 만났을 때, 이를 외면하거나 타협하면서 다른 사람의 눈에는 원숙하고 여유로운 모습으로 보이려고 애를 쓴다. 나이라는 가면이 보여주는 삶의 원숙함, 여유 등을 앞세워 용기 없는 자신을 정당화하는 것이다.

'복면가왕'에 출연한 가수들이 한결같이 하는 이야기가 있다. 복면을 벗고 나니 마음이 그렇게 시원할 수가 없다는 것이다. 짙은 화장을 하고 땀을 뻘뻘 흘리면서 일을 하다가 집으로 돌아와 깨끗하게 지우고 침대 위에 누워있는 기분이 이러하지 않을까? 가면은 그저 가면일 뿐이다. 문제는 우리들 삶에서 가면을 벗고, 있는 그대로의 내 모습을 솔직하고 당당하게 드러낼 용기가 있느냐는 것이다.

우리들 삶의 곳곳에는 수많은 가면이 숨어있다. 과연 우리는 어떤 가면을 쓰고 있을까? 도깨비감투가 가면 속에 숨어있는 우리를 향해 눈을 크게 뜨고 이렇게 말하는 것 같다.

"이제 그만 가면 좀 벗지."

우리가 가면을 쓰는 이유는
자신의 참모습을 드러낼 용기가 없기 때문이다.
「도깨비감투」는 말한다.
가면을 벗고 진짜 나를 바라보라고.

이야기를 들어줘

(공감)

철학자와 함께 읽는 동화

카멜레온 '심보' 이야기

카멜레온은 몸 색깔을 자유자재로 바꾸는 능력이 탁월한 도마뱀이다. 그래서인지 상황에 따라 마음이 이리저리 변하는 변덕쟁이나 기회주의자를 가리켜 '카멜레온 같은 사람'이라고 말한다. 이와는 반대로 공감 능력이 탁월한 사람을 가리킬 때도 이 동물을 등장시킨다. 이는 일관성이 없는 것이 아니라 오히려 주위 환경의 변화에 공감하고 적절하게 대응할 수 있는 능력으로 해석한 것이다.

상대방과 공감하기 위해서는 마음을 쓰는 바탕, 즉 심보가 고약해서는 안 된다. 심보가 고약한 사람치고 이기적이지 않은 사람은 드물기 때문이다. 이런 점에서 오늘의 동화 『이야기를 들어 줘』의 주인공이 카멜레온 '심보'인 것은 매우 흥미로운 일이다. 이 동화는 평생을 아이들의 인성과 감성 연구에 몰두한 스페인의 아동심리학자 베고냐 이바롤라 (Begona Ibarrola, 1954~)의 작품이다.

* * *

아주 먼 옛날, 자신의 몸을 마음대로 바꿀 수 있는 '심보'라는 이름의 카멜레온이 살고 있었다. 심보는 갈색 나뭇가지 위에서는 갈색으로 변하였으며, 바위 위에서는 바위 색깔로 바뀌었다. 그래서 벌레가 바위인 줄 알고 날아오면, 심보는 혀를 쭉 내

밀어 잡아먹곤 하였다.

이런 심보에게 아주 특별한 재주가 하나 있었다. 그것은 다름 아닌 나무가 속닥속닥, 꽃이 소곤소곤, 돌이 도란도란, 바람이 살랑살랑거리는 이야기를 들을 수 있다는 점이었다. 그에게는 세상 모든 소리를 들을 수 있는 능력이 있었던 것이다.

그러던 어느 날 이웃 섬나라에서 임금의 명령을 받고 신하가 찾아왔다. 임금이 심보를 보고 싶어 한다는 것이었다. 그래서 심보는 임금을 만나기 위해 신하와 함께 섬나라로 향하는 배에 올랐다.

섬에 도착한 심보는 임금이 사는 궁전으로 들어갔다. 궁전의 바닥은 바둑판 모양을 하고 있었는데, 심보가 바닥 위에 서자 그의 몸 역시 바둑판 모양으로 변하였다. 임금은 반가운 표정으로 심보에게 물었다.

"네가 지혜롭다는 소문을 들었다. 부디 내 고민을 해결해다오."

"임금님, 고민이 무엇입니까?"

임금은 심보에게 고민을 털어놓았다. 자신은 책을 많이 읽어서 아는 것도 많은데, 신하들이 의견을 잘 듣지 않아 늘 머리가 아프다는 것이었다. 임금이 이야기를 마치자 심보가 조용히 물었다.

"제가 임금님의 심장 소리를 들어보아도 될까요?"

파란 옷을 입은 임금이 두 팔로 심보를 안아들자 심보의 몸이 파랗게 변하였다. 심보는 자신의 귀를 임금의 가슴에 대고 심장 소리를 들어보았다.

"심보, 나는 임금의 심장이야. 임금은 자기만 옳다고 생각하고 신하들의 말을 전혀 듣질 않아. 제발 다른 사람 말에 귀를 기울이라고 해주렴."

심보는 고개를 끄덕이면서 심장이 하는 말을 임금에게 전해주었다. 그럼 이제 어떻게 해야 되느냐는 임금의 물음에 심보는 이렇게 말했다.

"임금님께서 먼저 마음을 열고 신하들과 백성들의 이야기를 들어주세요."

심보의 말을 귀담아들은 임금은 자신이 올바르게 행동할 수 있도록 옆에서 도와달라고 말한다. 심보는 기꺼이 그러겠다고 하면서 임금의 신하가 되었다. 마침내 임금은 신하와 백성들의 말에 귀를 기울이게 되었고 나라는 오랫동안 평화로웠다.

공감, 함께 울리는 마음의 소리

동화 『이야기를 들어 줘』는 3세에서 7세에 이르는 어린아이들의 인성을 키우기 위해서 만들어진 작품이다. 내용 또한 단순하여 쉽게 읽을 수 있지만, 오늘의 어른들이 느끼는 무게감은 그리 가볍지 않다. 경우야 조금씩 다르겠지만, 다른 사람의 말에 귀를 닫은 채 자신만의 방식을 고집하면서 사는 모습이 동화 속 임금과 별반 다르지 않기 때문이다. 어찌 보면 임금은 공감 능력이 떨어지는 우리들의 자화상이기도 하다.

이 동화를 읽으면서 몇 해 전 민중을 개나 돼지로 묘사했던 어느 교육부 고위 관료가 생각났다. 당시 신문사 기자가 구의역 사고로 숨진 청년이 내 자식처럼 느껴져서 마음이 아프다고 말하자 "그게 어떻게 내 자식처럼 생각되나? 그렇게 말하는 건 위선."이라고 했다 한다. 이 기사를 읽으면서 우리나라 고위층들의 의식 수준이 적나라하게 드러난 것 같아 마음이 몹시 불편했다.

구의역 사고뿐만 아니라 세월호 참사, 이태원 참사를 자신의 일처럼 여기며 눈물을 흘린 수많은 사람들의 행동은 과연 위선이었을까? 누군가가 슬퍼할 때 나도 함께 슬퍼하는 것이 공감이다. 정도의 차이는 있지만, 공감 능력은 모든 인간에게 주어진 고유한 감정이다. 그렇기 때문에 구의역 희생자를 자기 아들처럼 느끼는 것이 위선이라는 생각은 곧 공감 능력이 떨어진다는 방증일 뿐이다.

기타의 음을 조율하다 보면 '공명(共鳴)'이란 의미를 실감할 때가 있다. 음계 '도'에 해당하는 기타 줄을 튕기면서 입으로 '도' 소리를 함께 내면, 기타에서 손을 떼어도 계속 '도' 음이 울린다. 글자 그대로 함께[共·공] 우는[鳴·명] 것이다. 이러한 공명 현상이 일어나는 것은 모든 물체가 일정한 진동수(주파수)로 진동하기 때문이다. 입에서 나온 '도' 음의 주파수가 멈춰버린 기타 줄을 진동시켜 함께 '도' 소리를 내는 것이다. 만약 입에서 '도'가 아니라 '솔' 음을 낸다면, 주파수가 맞지 않아 기타는 울리지 않는다.

이러한 현상은 사람 관계에서도 일어난다. 개인적으로 존경하는 스승님을 닮고 싶어서 언제부턴가 그분의 행동을 따라 하기 시작했다. 강의할 때 배를 앞으로 내미는 모습이나 글씨체 등을 흉내 냈다. 그랬더니 언젠부턴가 사람들이 내 글씨가 스승님의 것과 꼭 닮았다고 말하는 것이었다. 내 마음의 주파수가 진동을 일으켜 나도 모르게 그분의 일부분을 닮아간 것이다. 부부가 서로 사랑하면 얼굴이 닮는다고 하는데, 이 역시 속설만은 아닌 것 같다. 사랑하면 상대의 얼굴 표정이나 버릇을 무의식적으로 흉내 내기 때문이다. 이와 반대로 서로 미워한다면 따라 하지 않을 테니 둘이 닮을 일도 없을 것이다.

앞서 말한 교육부 관료는 공명의 주파수가 고장을 일으킨 경우라고 할 수 있다. 그래서 공감 능력이 떨어지고, 연민(compassion)의 감정이 일어나지 않은 것이다. 다른 이의 고통(passion)을 자신도 함께(com) 느끼는 마음 말이다. 모든 것이 위선으로밖에 보이지 않았던 이유도 여기에 있다.

학자들에 따르면 공감 능력에는 감성적 공감(affective empathy)과 인지적 공감(cognitive empathy) 두 종류가 있다고 한다. 감성적 공감이 타고난 것이라면, 인지적 공감은 노력해야 하는 부분이다. 타고난 공감 능력이 떨어진다면, 이를 회복하기 위한 의식적 노력이 필요하다. 교육부 관료에게 필요한 것도 바로 고장난 주파수를 고치려는 노력이다.

공감 능력이 떨어지는 이유는 다른 데 있는 것이 아니라 자기가 잘 났다고 생각하는 우월감에 있다. 그렇기 때문에 다른 사람과 공감할 필요를 느끼지 못하는 것이다. 동화 속 임금도 처음에는 이런 우월감 때문에 신하와 백성들의 말을 들으려고 하지 않았다. 그런데 카멜레온 심보의 말을 듣고 스스로를 반성한다. 그리고 심보를 자신의 신하로 삼아 자신의 떨어진 공감 능력을 키우려고 노력하였다. 이 동화가 단순하지만 아름다운 이유도 여기에 있다.

사람들은 재미있는 이야기를 들으면 웃음보를 한바탕 터트린다. 그리고 상대방의 아픈 이야기를 들으면 자신도 모르게 눈물샘이 터져 나온다. 그렇게 서로 울고 웃고 떠들다 보면 어느새 마음의 위안을 받게 된다. 때로는 카타르시스를 느끼기도 한다. 그것이 바로 공감이 지니는 힘이다.

공감은 함께 울리는 마음의 소리다. 다른 이의 슬픔을 보고도 마음이 울리지 않는다면 카멜레온을 떠올려보자. 나의 마음이 공명을 일으켜 슬퍼하는 이의 색깔로 변하도록 말이다. 그러면 위선이란 말은 나오지 않을 것이다.

공감은 다른 이의 고통을
자신도 함께 느끼는 마음이다.
타고난 공감 능력이 떨어진다면
이를 회복하기 위한 의식적 노력이 필요하다.

황금알을 낳는 거위

(탐욕)

새로운 산업이 등장하여 커다란 이익을 가져다줄 때, 이를 가리켜 '황금알을 낳는 거위'라고 말한다. 이러한 산업은 마치 혁명과도 같다 해서 '산업혁명'이라 부르기도 한다. 새로운 기술을 통해 사회, 경제적으로 커다란 변화가 발생하기 때문이다. 우리는 이를 컴퓨터와 인터넷, 스마트폰의 등장으로 생생하게 실감하고 있다.

요즘엔 4차 산업혁명이라는 용어가 자주 등장한다. 몇 년 전 인공지능로봇 알파고와 바둑 기사 이세돌의 대결로 주목을 끈 새로운 4차 산업혁명은 오늘날 우리 사회의 주요 이슈로 자리 잡았다. 전문가들은 인공지능 기술과 사물인터넷, 빅데이터 등이 융합하면 사회, 경제 전반에 혁신적인 변화가 일어날 것이라고 말한다. 그래서 기업들은 이를 선점하기 위한 기술 개발에 열을 올리고 있다. 이 또한 황금알을 낳는 거위가 될 것이라는 데 의심의 여지가 없다.

그런데 전 인류의 삶에 중요한 의미를 지니고 있지만 정작 우리가 간과하고 있는 '황금알을 낳는 거위'는 없을까? 이런 문제의식을 가지고 이솝 우화 「황금알을 낳는 거위」를 다시 읽어보았다.

＊＊＊

아주 오랜 옛날 어느 마을에 가난한 농부가 살고 있었다. 그러던 어느 날 농부에게 거위 한 마리가 생겼는데, 거위는 신비하게도 하루에 황금알 하나씩을 낳는 것이었다. 농부는 깜짝 놀라면서도 너무 기뻤다. 금세 부자가 될 것이기 때문이었다. 농부는 거위가 낳은 황금알을 시장에 내다 팔아 소망대로 큰 부자가 되었다. 자신에게 부를 안겨준 거위가 그렇게 예쁠 수가 없었다.

그러던 어느 날 농부의 마음속에서 지금보다 더 큰 부자가 되고 싶다는 욕망이 꿈틀거렸다.

'이렇게 하루에 한 알씩 낳아서 언제 큰 부자가 되겠어! 황금알을 한 번에 몽땅 얻을 방법이 없을까?'

농부는 문득 거위의 배 속에는 황금알이 가득 들어있을 거란 생각이 들었다. 그래서 농부는 거위를 잡아서 배 속에 있는 황금알을 모두 꺼내야겠다고 결심했다. 마침내 농부는 거위를 죽이고 배를 가르고야 말았다.

그러나 농부의 기대와는 달리 거위의 배에는 아무것도 들어있지 않았고, 단번에 부자가 되겠다는 농부의 욕심이 거위를 죽이는 결과만 낳았다. 이제 황금알을 얻을 수 없다는 생각에 농부는 땅을 치며 후회를 했지만 이미 늦은 뒤였다. 거위는 죽고 말았으니까.

이솝 우화 「황금알을 낳는 거위」는 현재의 삶에 만족하지 못하고 무리하게 욕심을 부리면 불행한 결과를 가져올 수 있다는 교훈을 담고 있다. 우리는 이런 경우를 주변에서 어렵지 않게 만날 수 있다. 무리한 사업 확장으로 자신은 물론 가족과 주위 사람들을 힘들게 하는 경우도 많다. 이 동화는 일확천금을 꿈꾸는 보통 사람들의 모습이기도 하다.

다시 읽은 동화에서 문득 자연으로부터 얻는 자원을 무모하게 소비하고 있는 우리의 모습이 그려졌다. 우리는 자연으로부터 수많은 황금알을 얻으면서 살아간다. 맑은 공기와 바람, 물, 땅과 바다에서 얻는 수많은 먹을거리, 석유와 가스를 비롯한 화석 연료 등을 통해 인류는 생명을 보존할 수 있었다. 자연은 한마디로 황금알을 낳는 거위인 것이다.

그런데 동화에서 농부가 욕심을 부린 것처럼, 인류는 탐욕이라는 덫에 걸려들고 말았다. 인간의 탐욕을 정당화하는 이론으로 '희소성의 원칙'이 있다. 인간의 욕구는 무한한데, 이를 충족시킬 자원은 유한하기에 한정된 자원을 최대한 효율적으로 사용해야 한다는 것이다. 희소성의 원칙이 전제하는 것처럼 정말 인간의 욕구는 무한하고 자원은 유한한 것일까?

예를 들어 먹을 것이 떨어져서 사흘을 굶었다고 해보자. 그때 누군가 나타나서 빵을 건네주었다. 너무 배가 고픈 나머지 상대가 주는 빵을 허겁지겁 먹었다. 처음 빵을 먹을 때는 그렇게 맛있을 수가 없는데 계속해서 세 개, 네 개, 다섯 개를 먹다 보니 배도 부르고 빵이 질리기 시작한다. 그래서 더 이상 먹고 싶은 생각이 들지 않는다. 이것이 경제학 시간에 배웠던 그 유명한 '한계효용 체감의 법칙'이다. 어떤 상품의 소비량이 일정 범위를 넘어서면, 소비량이 증가할수록 그 상품의 한계효용은 지속적으로 감소한다는 것이다. 이는 곧 인간의 욕구는 무한한 것이 아니라 유한하다는 방증이다.

인간은 아무리 목이 말라도 일정량의 물을 마시면 만족을 느끼는 존재다. 이것이 정상적인 인간의 욕구다. 그러므로 인간의 욕구가 무한하다는 전제는 옳지 못하다. 희소성의 원칙에서 강조하는 인간의 무한한 욕구는 탐욕과 성냄, 어리석음의 시선으로 보았을 때만 가능한 이야기다.

자원이 유한하다는 전제 역시 마찬가지다. 자연이 우리에게 내어주는 자원은 인간의 욕구를 충족시킬 정도만 사용하면 얼마든지 무한 재생이 가능하다. 옛 선인들은 이러한 사실을 잘 알고 있었다. 그래서 물고기를 잡을 때도 어린 것은 놓아주었다. 새끼까지 모두 잡아버리면 소중한 수산 자원이 고갈된다는 것을 알았기 때문이다.

이처럼 인간의 욕구는 유한하며, 정상적 욕구에 만족하면 자원은 무한하다. 앞서 언급한 '무한한 욕구와 유한한 자원'이라는 생각은 인간의 탐욕[貪·탐]과 성냄[瞋·진], 어리석음[痴·치]이라는 삼독(三毒)을 전제할 때만 가능하다. 인간의 탐욕에 대해 인도의 성자 마하트마 간디(Mahatma Gandhi, 1869~1948)는 이렇게 말했다.

"지구는 인간의 욕구를 충족시키기에는 충분하지만, 탐욕을 충족시키기에는 몇 개가 있어도 부족하다."

오늘의 우리 모습을 정확하게 보여주는 말이다. 인간의 탐욕으로 인해 지구가 죽어가고 있기 때문이다. 희소성의 원칙이라는 괴물은 결국 인간의 탐욕과 어리석음을 기초로 세워진 관념에 지나지 않는다. 오늘날 우리가 겪고 있는 환경과 생태계의 파괴, 화석 연료의 고갈, 미세먼지 같은 문제는 인간의 탐욕이 낳은 결과라 할 것이다.

이런 점에서 보았을 때, 「황금알을 낳는 거위」는 단순히 동화 속 이야기가 아니라 현대를 살고 있는 우리들의 모습이기도 하다. 우리는 지금 자연이라는 황금알을 낳는 거위를 죽여서 배를 가르고 있다. 그렇게 하면 더 많은 부를 축적하고 보다 나은 삶을 살 수 있다는 어리석음과 착각 속에 빠져있는 것이다. 거위가 죽었을 때 일어날 수 있는 결과를 상상도 못 했던 것이다.

이제 세계도 황금알을 낳는 거위, 즉 자연이 죽어가고 있다는 사실을 인식하고 대책 마련에 고심하고 있다. 몇 해 전에도 각국의 대표들이 프랑스 파리에 모여 기후변화협정을 체결하였다. 그리고 '죽어가는 거위'를 살리기 위해 전 세계가 동참해야 한다고 호소하였다. 온실가스 배출을 엄격히 제한하고 화석 연료의 사용을 억제하는 대신 태양광이나 풍력 등과 같은 재생 가능한 에너지의 비율을 높여야 한다는 것이다. 그런데 세계 최강국가 미국이 이 협정에서 탈퇴하였다. 자국의 이익에 반한다는 이유로 여전히 탐욕에 눈이 멀어 사태의 심각성을 인식하지 못하고 있는 것이다.

우리나라도 에너지 정책의 변화가 감지되고 있다. 전 세계적 추세에 맞춰 화석 연료 사용을 줄이고 태양광 같은 에너지를 늘리자는 취지다. 매우 바람직한 일이라고 본다. 앞으로 자연을 이용한 태양광이나 풍력 등의 에너지 산업 역시 황금알을 낳는 거위가 될 것이다.

자연이라는 거위가 낳는 황금알이 우리 삶에 얼마나 소중한지 깨달아야 한다. 거위가 죽기 전에 말이다. 욕구인가, 탐욕인가? 선택의 시간이 그리 많이 남아있지 않다.

인간의 탐욕으로 지구가 죽어가고 있다.
지금이라도 자연이라는 거위가 낳는 황금알이
우리 삶에 얼마나 소중한지 깨달아야 한다.

요술 맷돌

(독식)

철학자와 함께 읽는 동화

어린 시절 섬에는 먹을 물이 부족하다는 이야기를 듣고 좀처럼 이해할 수 없었다. 바닷물이 그렇게 많은데, 왜 물이 모자라다고 했을까 하는 의문이 들었기 때문이다. 나중에야 바닷물은 너무 짜기 때문에 먹을 수 없다는 사실을 알고서 머리를 긁적였던 기억이 있다.

그런데 바닷물은 왜 짠 것일까? 과학자들의 설명을 잠시 들어보자. 45억 년 전 지구가 만들어질 당시 지구는 가스 덩어리였다. 시간이 흐르면서 지구는 조금씩 식어갔고 자연스럽게 수증기가 발생하였다. 수증기는 위로 올라가 구름층을 만들고 비가 되어 땅으로 떨어졌다. 이 비가 수백 년 동안 내리면서 바다가 만들어졌는데, 그때는 지금처럼 바닷물이 짜지 않았다고 한다.

한편 지구는 아직 불안정해서 지각이 흔들리고 폭발도 일어났으며, 지구 표면에는 독한 가스가 계속 뿜어져 나왔다. 지구에 소금이 만들어지기 시작한 것은 바로 이때부터라고 한다. 가스와 바위가 서로 부딪치고 그 안의 원소들이 서로 결합하면서 소금 성분이 만들어졌다는 것이다. 그리고 소금 성분이 빗물에 쓸려 바다로 흘러들어가면서 바닷물이 짜게 되었다고 한다.

이런 점에서 보면 소금은 가스와 구름, 비, 바위 등 여러 인연이 서로 만나면서 만들어진 작품이라고 할 수 있다. 그런데 전래 동화 「요술 맷돌」은 바닷물이 짜게 된 사연을 아주 재미있게 전해주고 있다.

　아주 오랜 옛날 어느 마을에 가난하지만 마음씨 착한 농부와 욕심쟁이 부자 영감이 살고 있었다. 어느 날 이 마을을 지나던 할아버지가 너무 배가 고파 욕심쟁이 영감 집에 들러 먹을 것을 좀 달라고 부탁했다. 그러나 욕심쟁이 영감은 딴 데 가서 알아보라고 하면서 문전박대를 하였다. 너무 굶주렸던 할아버지는 길을 가다가 그만 쓰러지고 말았다.

　마침 쓰러진 할아버지를 발견한 착한 농부는 할아버지를 집으로 업고 와서 정성껏 간호하였다. 얼마 남지 않은 쌀로 죽을 만들어 먹이기도 하였다. 할아버지는 고맙다는 인사와 함께 자신이 갖고 있던 맷돌을 농부에게 주고서 바람처럼 사라졌다.

　착한 농부는 할아버지가 주고 간 빈 맷돌을 돌리면서 혼잣말을 했다.

　"이 맷돌에서 쌀이 나오면 얼마나 좋을까!"

　그러자 정말 맷돌에서 쌀이 펑펑 쏟아져 나왔다. 농부는 너무 놀라 뒤로 넘어질 뻔했다. 이번에는 옷이 나오라고 주문을 하자 정말로 옷이 나왔다. 돈이 나오라고 얘기하면 실제로 돈이 나왔고, 금이나 귀한 물건들도 말만 하면 어김없이 맷돌에서 나오는 것이었다. 그야말로 요술 맷돌이었다. 가난했던 농부는 어느새 큰 부자가 되었고 마을 사람들을 초청해서 잔치를 벌이기도 하였다.

이 소식을 들은 욕심쟁이 영감은 질투가 나서 가만히 있을 수가 없었다. 영감은 농부의 집에 몰래 들어가 맷돌을 훔쳐서 나왔다. 그리고 아무도 없는 먼 곳으로 도망가기 위해 배를 타고 바다로 나갔다.

욕심쟁이 영감은 맷돌을 돌리면서 소금이 나오라고 주문을 외웠다. 그러자 맷돌에서는 소금이 펑펑 흘러나왔고 금세 배 안에 가득 차게 되었다. 영감은 자신이 아주 큰 부자가 되었다고 좋아하면서 계속 맷돌을 돌렸다. 그러나 배는 소금의 무게를 이기지 못하고 결국 바닷속으로 가라앉고 말았다. 바다 밑에서 맷돌이 계속 돌아가면서 소금이 나왔고 이로 인해 바닷물이 짜게 되었다고 한다.

독식, 공멸에 이르는 길

바닷물이 짜게 된 사연을 들려주는 전래 동화 「요술 맷돌」은 지금 읽어도 재미있다. 특히 욕심쟁이 부자 영감이 요술 맷돌을 혼자 독차지하고, 소금에 대한 욕심을 억누르지 못해 결국 바닷속으로 가라앉는 부분이 인상적이다. 지나친 욕심이 화를 부른다는 교훈에 잘 어울리는 동화다.

그런데 욕심쟁이 영감은 맷돌을 돌리면서 왜 돈이나 금이 아니라 소금이 나오라고 주문한 것일까? 이유는 단순하다. 소금이 최고의 가치를 지닌 물품이기 때문이다. 소금은 생명을 유지하는 데 없어서는 안 될 필수품이다. 그렇기 때문에 과거에 소금은 금이나 돈보다 높은 가치를 지녔다. 요즘 말로 한다면 소금은 최고의 블루오션이었던 셈이다. 그리고 영감은 요술 맷돌, 즉 최고의 가치를 산출하는 산업의 자본과 기술을 독점한 것이다.

소금은 인류의 문명이 발달하는 과정에서 큰 역할을 담당하였다. 소금은 생명을 유지하는 필수품이기 때문에 이를 생산하고 유통하는 일은 매우 중요했다. 소금을 운반하는 과정에서 길이 만들어졌고 그것을 사고파는 시장과 도시가 형성됐다. 고대 문명은 그렇게 소금과의 만남 속에서 탄생하였다.

오늘날 소금은 블루오션은 아니더라도 여전히 중요한 가치를 지니고 있다. 소금이 없다면 인간의 생명을 유지할 수 없기 때문이다. 그렇다면 고도로 문명화된 사회에 살고 있는 오늘날 동화 「요술 맷돌」은 우리에게 어떤 메시지를 보내고 있는 것일까?

욕심쟁이 영감은 모든 것을 독점하고 있는 오늘날의 자본가에 비유할 수 있다. 그들이 요술 맷돌이라는 자본과 기술, 정보를 독점하면서 소금이라는 이익을 차지하고 있는 것이다. 그래서 우리 모두가 타고 있는 배가 한쪽으로 지나치게 기울어져 있다. 자칫 바닷속으로 가라앉을지도 모를 위험한 상황이다.

2011년 미국 뉴욕을 중심으로 '월가를 점령하라(Occupy Wall Street).'라는 구호와 함께 대규모 시위가 벌어졌다. 그들은 상위 1% 부유층의 탐욕 때문에 99%의 사람들이 정당한 몫을 받지 못한다고 주장하였다. 이 시위는 미국 1%의 부자들이 전체 부(富)의 50% 이상을 장악하고 있는 상황에 경종을 울렸으며, 전 세계적으로 퍼져나가기도 하였다.

부의 지나친 독점과 소득의 양극화 문제는 우리나라도 예외가 아니다. 소수의 부자와 금융자본, 기업 등의 탐욕이 이러한 결과를 낳았다는 데 많은 이들이 공감한다. 동화 속 이야기처럼, 욕심쟁이 영감이 요술 맷돌을 계속해서 돌리고 있는 것이다.

이러한 상황에서도 변하지 않는 것이 하나 있다. '이익의 사유화와 손실의 사회화'다. 생산을 통해서 발생한 이익은 자본가들이 사적으로 독식하면서, 손실이 나면 책임지지 않고 공적 자금이라는 이름으로 국민 세금이 투입되고 있는 것이다. 이러한 예를 우리는 IMF 외환위기 이후 숱하게 보아왔다. 참으로 부도덕하고 이상한 사람들이 주도하는 사회에 우리는 살고 있다.

전북 고창 선운사 창건설화에는 검단 선사라는 인물이 등장한다. 검단 선사는 당시 도둑들에게 소금 굽는 방법을 알려주고 삶의 터전을 마련해주었다. 마을 사람들은 그 은혜에 보답하기 위해 매년 봄과 가을에 자신들이 생산한 소금을 선운사 부처님께 바쳤는데, 이 소금을 보은염(報恩鹽)이라 한다. 은혜 갚는 소금이란 뜻이다.

그런데 힘센 자들이 이를 독점하자 검단 선사는 소금 나오는 구덩이, 즉 염정(鹽井)을 없애버리고 염전법으로 바꾸었으며, 그들을 참회하게 했다고 한다. 염정을 이용하면 염도가 높은 바닷물을 바로 끓여서 손쉽게 소금을 생산할 수 있지만, 염전법은 갯벌을 갈아엎어야 하기에 매우 힘든 일이었다. 요즘 말로 하면 고부가가치를 산출하는 정보와 기술을 포기한 것이다.

검단 선사는 왜 이런 선택을 했을까? 그것은 바로 부의 독점이 마을 전체를 공멸로 이끌 수 있다는 것을 알았기 때문이다. 그는 공동체라는 배가 가라앉기 전에 맷돌 돌리기를 그만두도록 한 것이다. 이는 소수가 부를 독점하고 있는 오늘의 우리 사회에 시사하는 바가 크다 할 것이다.

독식은 공멸에 이르는 길이다. 동화에서는 욕심쟁이 영감 혼자 바닷속으로 가라앉았지만, 그 배에는 영감뿐만 아니라 우리 모두가 타고 있다. 요술 맷돌이 만들어낸 소금을 배의 다른 쪽으로 균형 있게 나누는 지혜가 필요한 오늘이다. 배가 한쪽으로 완전히 기울어 가라앉기 전에 말이다.

독식은 공멸에 이르는 길이다.
동화에서는 영감 혼자 바닷속으로 가라앉았지만
현실에선 그 배에 우리 모두가 타고 있다.

마음 읽기 12

욕심 많은 개

(가상인가, 현실인가?)

철학자와 함께 읽는 동화

거울이 없던 시절 사람들은 자신의 모습을 어떻게 보았을까? 그 시절을 살아보지 않아서 잘 모르겠지만, 아마도 냇물이나 연못에 비춰보지 않았을까 싶다. 냇물에 비친 자신의 얼굴을 처음으로 본 사람의 반응도 궁금하다. '이게 누구지?' 하면서 깜짝 놀라기도 했을 것이다. 물속에 나 아닌 다른 사람이 있다고 생각한 이도 있었을 것이다.

그리스 신화에는 아름다운 소년, 나르키소스(Narcissus)의 슬픈 이야기가 나온다. 그는 물에 비친 자신의 아름다운 얼굴을 보기 위해 매일 연못을 찾았다. 그런데 소년은 자신의 모습에 너무 매혹되어 그만 연못에 빠져 죽고 말았다. 소년이 죽은 자리에 한 송이 꽃이 피어났는데, 사람들은 그의 이름을 따서 수선화라 불렀다. 수선화의 꽃말이 '자아도취' 혹은 '자기애'인 것도 여기에서 유래되었다고 한다.

그런데 나르키소스가 태어났을 때, 예언자 티레시아스(Tiresias)는 아이의 운명을 이렇게 예언했다.

"자기 자신을 알아볼 때 죽게 될 것이다."

어쩌면 소년은 물에 비친 아름다운 모습을 너무 사랑했는데, 알고 보니 다른 사람이 아닌 바로 자기 자신이라는 것을 알게 되어 허탈한 마음에 죽음을 택한 것은 아닐까? 물속에 비친 모습은 단순한 이미지일까, 아니면 자기 자신일까? 이미지를 생산하고 소비하는 오늘의 우리에게 던지는 화두다.

물속에 있는 개의 모습을 보고 자기 입에 물고 있던 고기를 놓쳤다는 재미있는 이야기도 있다. 이솝 우화 「욕심 많은 개」가 바로 그것이다. 나르키소스 이야기와는 분위기가 많이 다르지만, 둘 다 '물에 비친 이미지'라는 공통 소재를 가지고 있다.

* * *

어느 마을에 욕심 많은 개가 살고 있었다. 하루는 이 욕심 많은 개가 길을 가다가 커다란 고기 한 덩어리를 발견하였다. 개는 큰 고기를 얼른 입에 물고서 주위를 살펴보았다. 혹여 다른 개에게 빼앗길지 모른다는 생각에 녀석은 집을 향해 달려가기 시작했다. 그리고 잠시 뒤 개울이 흐르는 다리 위를 건너게 되었다.

다리 위를 걸어가던 개는 문득 냇물을 바라보고 깜짝 놀랐다. 물속에 자기 것보다 훨씬 큰 고기를 물고 있는 또 다른 개가 있었기 때문이었다. 녀석은 물속의 개를 노려보기 시작했다. 그러자 물속의 개도 자기를 노려보았다. 심술이 난 개는 겁을 줘서 저 녀석의 고기도 빼앗아야겠다고 생각했다. 그래서 물속에 있는 개를 향해 큰 소리로 짖기 시작하였다.

"멍멍, 멍멍. 그 고기를 얼른 내놓지 못하겠니?"

그 순간 녀석이 입에 물고 있던 고기가 냇물에 빠지고 말았다. 그런데 물속의 개가 물고 있던 고기도 어디론가 사라지고 없었다. 그제야 비로소 개는 알게 되었다. 물에 비친 개가 다름 아닌 바로 자기 자신이라는 것을 말이다.

"으앙, 내 고기 어떡해!"

욕심 때문에 자신의 고기마저 잃게 되었다는 것을 알았지만, 그때는 너무 늦은 뒤였다.

이미지에 잠식된 사회

초등학교 시절 수업 시간에 선생님으로부터 이 동화를 들은 기억이 있다. 그때는 물에 비친 자신을 알아보지 못할 정도로 개는 어리석은 동물이라고 생각하였다. 그리고 지나친 욕심은 자신에게 화가 될 수도 있다는 것을 어렴풋이 느꼈던 것 같다. 그래서 이 동화를 통해서 얻을 수 있는 교훈도 욕심을 내지 말자는 것이었다.

그런데 다시 읽은 「욕심 많은 개」는 그때와는 조금 다르게 다가왔다. 개의 욕심이 아니라 물에 비친 이미지가 먼저 떠올랐다. 아마 물에 비친 자신의 모습을 처음 본 사람도 동화 속의 개와 별반 다르지 않았을 것이다. 설마 자신이라고는 생각하지 못했을 것이기 때문이다. 그것이 자신임을 알기까지는 시간이 필요하다. 자신이 움직이는 대로 물속의 대상이 똑같이 움직인다는 것을 알았을 때 비로소 그것이 곧 '나'임을 알 수 있을 테니 말이다.

　물에 비친 영상, 그것은 다름 아닌 이미지다. 이미지는 개가 물고 있는 실제의 고기나 나르키소스의 아름다운 모습이 아니다. 다만 그것은 실제를 다른 방식으로 보여주는 가상일 뿐이다. 그런데 나르키소스나 욕심 많은 개는 그 영상에 먹힌 채 자살하거나 자기의 고기를 떨어뜨렸다.

　그렇다면 그 어느 때보다 이미지가 강조되는 사회에 살고 있는 우리의 모습은 어떨까? 그리고 실제를 비추었던 물이나 연못은 오늘날 무엇과 비교할 수 있을까? 오늘의 우리들 역시 경우만 조금 다를 뿐 이미지를 통해 실제를 판단하고 소비하는 삶을 살고 있다. 그 이미지를 비춰 주는 것은 다름 아닌 TV나 스마트폰, 컴퓨터를 비롯한 각종 미디어다. 이런 미디어에 비친 이미지를 자본가는 생산하고 우리는 그것을 소비하고 있다.

　여기에 비슷한 가격과 디자인, 성능을 지닌 두 개의 스마트폰이 있다고 해보자. 그런데 하나의 브랜드는 삼성이고 다른 하나는 이름이 알려지지 않은 중소기업 제품이다. 그렇다면 소비자들은 무엇을 선택할까? 대부분은 중소기업 제품이 아니라 삼성 제품을 고른다. 그것은 곧 스마트폰이라는 실제보다는 삼성이라는 이미지를 선호한다는 뜻이다. 유명 브랜드의 스마트폰을 가지고 있어야 나의 가치가 올라간다고 생각하는 것이다. 우리는 바야흐로 이미지를 소비하는 시대에 살고 있는 셈이다.

　모든 상품에는 그 자체가 지닌 사용 가치와 일정 비율에 따라 다른 물건으로 바꿀 수 있는 교환 가치가 있다. 그런데 오늘날은 사회적으로 어떤 의미가 부여된 기호 가치가 더 중시된다. 더 많은 상품을 소비하게 하려면 상품 자체보다는 그것이 보여주는 이미지나 사회적 지위, 유행 코드와 같은 기호가 필요하다. 스마트폰이 얼마나 성능이 좋고 쓰기가 편한지(사용 가치), 다른 상품으로 교환 가능한지(교환 가치)가 아니라 삼성이라는 기호 그리고 유명 연예인이 사용하는 스마트폰이라는 기호가 중요하다. 그래야 시대에 뒤처지지 않고 유행을 따라간다는 자신의 이미지를 사람들에게 보여줄 수 있다.

이처럼 상품이 아니라 기호를 소비할수록 이미지의 비중은 더욱 커진다. 그렇게 되면 기호 자체가 현실을 지배하는 위력을 발휘한다. 예를 들어 드라마 '별에서 온 그대' 속 전지현은 털털하면서도 섹시한 여성이라는 기호를 갖는다. 그러면 수많은 여성들은 전지현이 입었던 옷이나 가방, 구두, 액세서리 등을 사기 위해서 기꺼이 지갑을 연다. 중국의 유커(游客)들은 이를 소비하기 위해 우리나라에 여행을 온다. 어디 그뿐인가. 전지현과 같은 몸매를 만들기 위해 그녀가 다니는 헬스클럽에서 운동하고 일상에서도 드라마 속 주인공과 똑같은 행동을 하려고 한다. 한마디로 드라마 속 인물이 원본이라면 소비자들은 원본을 따라 하는 복제품이 되고 있는 것이다.

많은 사람들은 카메라나 스마트폰으로 자신의 모습을 찍고 나서 트위터나 페이스북 등 SNS에 사진을 그대로 올리지 않는다. 대개는 실제보다 더 예쁘게 보이기 위해서 각종 보정을 한 다음에야 올린다. 심지어 자신의 몸매를 실제보다 훨씬 날씬하게, 키를 크게 가공한 다음에 올리기도 한다. 그러면 다른 사람들은 현실 속의 내 모습이 아니라 이미지로 포장된 또 다른 나를 만나게 된다. 과연 어느 것이 진짜 나의 모습일까? 이미지 뒤에 숨어서 실제 자신의 모습을 드러내지 않으려는 사람이 의외로 많다는 것은 무엇을 의미하는 것일까? 그들이 가상세계가 현실이라고 믿으면서 사는 것은 아닌지 모를 일이다. 이쯤 되면 가상이 현실을 지배하는 사회라고 해도 지나치지 않는다.

인터넷에서 쉽게 볼 수 있는 화장이나 성형하기 전(before)과 후(after)의 사진을 보면, 이 둘이 진짜 같은 사람인지 헷갈릴 때가 많다. 자신의 정체성이 무엇인지 의심할 정도다.

이렇게 보면 나르키소스나 욕심 많은 개의 이야기가 남의 일처럼 느껴지지 않는다. 내용만 다를 뿐, 이미지에 먹힌 모습은 별반 다르지 않기 때문이다. 이미지는 현실이 아니라 가상 세계다. 욕심 많은 개는 이미지에 먹힌 채 자신이 입에 물고 있던 고기를 놓치는 우를 범했다. 그렇다면 이미지에 먹히고 있는 우리가 진정 놓치고 있는 것은 무엇일까? 현실 속에서 생생하게 살아있는 나 자신이 아닐까? 스스로 성찰해볼 일이다.

이미지는 현실이 아니라 가상 세계다.
미디어에 비친 이미지를 소비하는 우리가
진정 놓치고 있는 것은 무엇일까?

금도끼 은도끼

(소유냐, 존재냐?)

철학자와 함께 읽는 동화

소유 지향적 삶

오늘날 우리는 과학 기술의 발전으로 일찍이 경험해보지 못한 물질적 풍요를 누리고 있다. 그 바탕에는 물질적 욕망을 충족시키면 무한정 행복할 것이라는 믿음이 전제되어 있었다. 그러나 이러한 믿음은 무참히 깨지고 말았다. 물질적 풍요는 오히려 부의 양극화와 생태계 파괴, 핵전쟁의 위기와 같은 심각한 문제들을 낳고 말았다. 이뿐만 아니라 현대인들이 느끼는 불안과 고독은 더욱 심화되고 있다. 이러한 상황에서 많은 사람들은 근본적인 질문을 던진다. '이렇게 살아도 되는 것일까?' 하고 말이다.

과연 무엇이 잘못된 것일까? 독일의 심리학자이자 사회학자인 에리히 프롬(Erich Fromm, 1900~1980)은 그 원인을 소유 지향적인 삶에서 찾았다. 그리고 감각적 욕망을 충족하면 행복할 수 있다는 현대 산업사회의 실험은 실패로 끝났다고 선언하였다. 그의 명저 『소유냐 존재냐』는 이런 문제에 대한 분석과 고민, 대안 등을 담고 있는 베스트셀러다. 전래 동화 「금도끼 은도끼」를 통해 소유 지향적인 우리의 삶을 돌아보고 그 대안을 함께 모색해보기로 하자.

* * *

아주 오랜 옛날 어느 마을에 마음씨 착한 나무꾼이 살고 있었다. 그는 나무를 하러 산에 갔다가 손이 미끄러지면서 도끼를 연못에 빠트리고 말았다. 나무꾼은 어찌할 바를 몰라 발만 동동 구르고 있었다. 그런데 갑자기 연못에서 산신령이 번쩍번쩍 빛나는 금도끼를 가지고 나타나 이렇게 묻는 것이었다.

"이 도끼가 네 도끼냐?"

나무꾼이 아니라고 대답하자, 이번에는 윤기가 흐르는 은도끼를 들고서 "이 도끼가 네 것이냐?"라고 물었다.

"이것도 아닙니다. 제 도끼는 쇠로 만든 낡은 도끼입니다."

산신령은 허허, 큰 소리로 웃었다. 그리고 참으로 정직한 젊은이라고 말하면서 금도끼와 은도끼도 함께 나무꾼에게 주었다. 나무꾼은 즐거운 마음으로 도끼들을 가지고 집에 돌아왔다.

이 소식은 금세 마을로 퍼져 나갔다. 옆집에 사는 욕심쟁이 나무꾼은 가만히 있을 수 없었다. 그래서 낡은 쇠도끼를 들고 연못으로 달려갔다. 그리고 일부러 쇠도끼를 연못에 던졌다. 시간이 조금 흐르자 연못 안에서 빛이 나더니 산신령이 번쩍번쩍 빛나는 금도끼를 들고 나타났다.

"이 금도끼가 네 것이냐?"

욕심 많은 나무꾼은 환하게 웃으면서 자신의 것이라고 말했다. 산신령이 이번에는 은도끼를 들고서 똑같은 질문을 던졌다. 나무꾼은 은도끼 역시 자신의 것이라고 답했다. 그때 갑자기 산신령이 화를 내면서 이렇게 말하였다.

"이런 고얀 녀석. 어찌 이 도끼가 네 것이란 말이냐. 너같이 남의 것을 탐내는 욕심쟁이에겐 도끼 한 자루도 줄 수 없느니라."

이렇게 말한 산신령은 다시 연못 속으로 들어가고 말았다. 그는 엉엉 울면서 그 자리에 풀썩 주저앉았다. 금도끼와 은도끼에 눈이 먼 욕심쟁이 나무꾼이 자신의 쇠도끼마저 잃게 된 것이었다.

존재 지향적 삶

어린 시절 선생님으로부터 「금도끼 은도끼」이야기를 들은 기억이 난다. 한 친구는 산울림의 '산할아버지'라는 곡에 이 이야기를 노랫말로 넣어서 부르기도 하였다. '금도끼가 네 도끼냐, 은도끼가 네 도끼냐.' 하면서 흥얼거렸던 옛 친구의 모습도 아른거린다. 이 이야기는 정직하게 살면 복이 오고, 내 것이 아닌 물건을 탐내면 화가 미친다는 교훈을 담고 있는 동화다.

다시 읽은 「금도끼 은도끼」는 그때와는 조금 다른 모습으로 내게 다가왔다. 두 나무꾼이 지향하는 삶의 양식이 먼저 눈에 들어온 것이다. 에리히 프롬이 이 동화를 접했다면 이렇게 표현하지 않았을까 싶다. 착한 나무꾼이 존재 지향적 삶을 살았다면, 욕심쟁이 나무꾼은 소유 지향적 삶을 살았다고 말이다. 그러하기에 두 나무꾼이 도끼를 바라보는 시선 역시 같을 수는 없었다.

같은 물건이라도 그것을 대하는 태도에 따라 삶의 모습이 달라지기 마련이다. 정직한 나무꾼에게 도끼는 나무를 해서 가족을 먹여 살리는 도구의 의미를 가진다. 그렇기 때문에 도끼가 쇠로 만들어졌는지 아니면 금으로 만들어졌는지는 중요하지 않다. 도끼라는 존재 자체가 나무꾼의 삶에서 차지하는 의미가 중요하다는 것이다. 산신령이 보여준 금도끼를 내 것이 아니라고 말했던 이유도 여기에서 찾을 수 있다.

반면에 욕심쟁이 나무꾼은 조금 더 값이 나가는 도끼를 소유하는 것에서 그 의미를 찾았다. 그래서 착한 나무꾼이 산신령으로부터 금도끼와 은도끼를 얻었다는 소식을 듣고 자신도 그것을 소유하려는 강한 욕망이 일어났다. 자신의 삶에서 도끼가 가지는 의미보다 '금과 은으로 만들어진' 물건이 먼저 눈에 들어왔던 것이다. 이는 오늘날 고가의 자동차나 유명 브랜드의 아파트를 소유함으로써 자신의 존재 가치를 드러내려는 것과 별반 다르지 않다. 이러한 삶의 양식을 데카르트식으로 표현하면 다음과 같다.

"나는 소유한다. 고로 나는 존재한다."

이는 소유가 존재를 규정한다는 뜻이다. 그런데 문제는 남들보다 값비싼 물건을 소유함으로써 자신의 존재 가치를 드러내려고 하면 할수록, 우리가 그 대상의 주인이 아니라 노예로 전락한다는 데 있다. 그 물건의 소유 여부에 따라 나의 존재 가치가 결정되기 때문이다. 이렇게 되면 대상뿐만 아니라 그것을 소유한 사람 역시 '물건'으로 전락하고 만다. 우리 스스로 고가의 자동차나 아파트의 노예, 인격이 아닌 물건 취급을 받으려고 치열한 경쟁을 하고 있는 것은 아닌지 돌아볼 일이다.

앞서 언급한 것처럼 소유 지향적 삶이 행복을 가져다줄 것이라는 희망은 무참히 깨지고 말았다. 왜냐하면 소유욕에는 만족하는 지점이 없기 때문이다. 소유에 대한 욕구는 생리적 욕구와는 성격이 다르다. 우리는 아무리 배가 고파도 어느 정도 먹게 되면 더 이상 먹고 싶은 욕구가 일어나지 않는다. 그러나 소유욕에는 그 한계가 없다. 특히 자본주의 시스템은 이러한 욕구를 더욱 부추기고 있다. 많이 가진 사람이 더 많이 가지려고 하는 이유도 바로 여기에 있다.

소유욕은 행복을 가져다주는 것이 아니라 오히려 불안이나 공허감, 고독 등을 심화시킨다. 내 것을 빼앗길지 모른다는 불안감과 아무리 많이 가져도 채워지지 않은 공허감이 밀려온다. 또 이런 자신에게 마음을 내어주는 사람이 없기에 늘 고독하다. 같이 밥 먹을 사람이 없어서 늘 혼자 먹는다는 어느 수백억대 자산가의 이야기가 슬프게 다가온다.

그렇다면 에리히 프롬의 지적처럼 소유가 아닌 존재 지향적 삶으로의 질적 전환을 고민해보면 어떨까? 그 누구도 아닌 나 자신의 행복을 위해서 말이다. 프롬은 존재 지향적 삶이란 더 많은 것을 소유하려고 애쓰지 않아도 즐겁고 행복할 수 있는 삶의 양식이라고 하였다. 또 학습이나 독서, 사랑, 종교 생활 등 일상에서 경험하는 수많은 예들을 통해 소유와 존재의 양식들을 비교하고 분석했다. 들에 핀 한 송이 장미를 꺾어서 소유해야만 꽃의 아름다움을 이해하는 것이 아니다. 그저 바라만 보면서도 꽃을 피워낸 자연의 신비와 경이를 온몸으로 느끼고 그 속에서 행복감을 느낄 수 있다.

예를 들어 내 친구가 「금도끼 은도끼」 동화책을 갖고 있고, 나는 산울림의 음악 CD 한 장을 갖고 있다고 해보자. 친구가 산울림의 음악을 듣고 싶으면 나한테 빌려서 듣고, 내가 동화책을 읽고 싶으면 친구에게 빌려서 읽어도 된다. 중요한 것은 책이나 CD를 '소유'하는 것이 아니라, 책을 '읽고' 음악을 '듣는' 것이기 때문이다.

이것이 가진 것을 서로 나누면서도 만족할 수 있는 존재 지향적 삶의 모습이다. 그런데 우리는 꼭 그 책이나 CD를 내가 갖고 있어야 한다고 생각한다. 소유 지향적 삶에 익숙한 우리들의 모습이다.

심리학자들에 따르면 '경험'을 위한 소비가 어떤 것을 '소유'하기 위한 소비보다 훨씬 만족도가 높다고 한다. 누군가와 여행을 하거나 공연을 보기 위해 돈을 쓰는 것이 보석이나 옷, 가방 등을 사는 것보다 훨씬 행복하다는 것이다. 물건을 샀을 때의 만족감은 짧지만 여행을 통해 얻게 된 행복감은 추억이라는 이름으로 훨씬 오래 남는다. 여행을 통해 사람이나 자연과 공감하고, 멋진 음악을 들으면서 느끼는 감동은 물건을 소유함으로써 얻게 되는 감각적 쾌락에 비할 바가 아니다.

이처럼 존재 지향적 삶은 관계를 통해서 얻어지는 소중한 삶의 경험을 가져다주지만, 소유 지향적 삶은 경쟁과 정복, 이에서 오는 공허함이 남을 뿐이다. 전래 동화 「금도끼 은도끼」는 우리에게 삶의 근본적인 물음을 던지고 있다. 소유냐, 아니면 존재냐 하고 말이다. 이제 소유에서 존재로의 즐거운 여행을 꿈꿔보는 것은 어떨까?

젊어지는 샘물

(주름 예찬)

철학자와 함께 읽는 동화

젊어지고 싶은 욕망

고령화 사회에 접어들면서 늙음의 기준 역시 많이 달라진 것 같다. 예전에는 나이 60이 넘으면 늙었다는 말을 쉽게 했는데, 요즘에 그런 말을 했다가는 욕먹기 십상이다. 환갑잔치가 사라진 지는 이미 오래되었다.

"60세에 저세상에서 날 데리러 오거든 아직은 젊어서 못 간다고 전해라."

가수 이애란의 노래 '백세인생'의 가사다. 우리는 지금 지나치게 고령화된 사회에서 젊음을 노래하면서 살고 있다.

나이는 숫자에 불과하다는 말도 이미 상식처럼 되었다. 어느 TV 프로그램에 자매로 보이는 두 사람이 출연했는데, 알고 보니 어머니와 딸의 관계임을 알고 깜짝 놀란 적이 있다. '저런 몸매와 피부를 유지하기 위해 얼마나 많은 노력을 했을까?' 생각하니, 한편 안쓰러운 생각도 들었다. 그 어머니에게서 젊음을 유지하고 싶다는 강한 욕망이 느껴졌기 때문이다.

그래서 준비한 동화는 바로 「젊어지는 샘물」이다. 샘물을 마시면 젊어진다는 이야기를 통해 늙음과 젊음에 대한 우리 안의 욕망을 살짝 엿보기로 하자.

옛날 어느 마을에 마음씨 고운 할머니와 할아버지가 살고 있었다. 할아버지는 산으로 약초를 캐러 갔다가 그물에 걸린 파랑새를 발견하고 구해주었다. 그 새는 할아버지에게 구해줘서 고맙다고 인사를 하면서 자신을 따라오라고 하였다.

할아버지는 파랑새를 따라 깊은 산속으로 들어갔다. 그곳에는 맑은 샘물이 퐁퐁 솟아오르고 있었다. 마침 목이 말랐던 할아버지가 샘물을 마시자 기운이 불끈 솟는 것 같았다. 할아버지는 샘물에 비친 자신을 바라보았다.

"아니, 이게 누구야! 젊은 시절 내 모습이잖아!"

할아버지는 너무나 놀랐지만 자신이 젊어졌다는 사실에 기쁨을 감출 수가 없었다. 파랑새가 할아버지에게 준 감사의 선물은 바로 젊음이었던 것이다.

젊은 할아버지는 기쁜 마음으로 집에 돌아와 할머니에게 이 소식을 전해주었다. 그런데 마침 이웃에 사는 욕심 많은 영감이 집 앞을 지나가다가 둘이서 나누는 이야기를 듣게 되었다. 젊어지는 샘물 이야기에 욕심 많은 영감은 흥분을 감출 수가 없었다.

영감은 그 샘을 찾아 산속을 헤매기 시작했다. 마침내 샘을 찾았고 그 물을 벌컥벌컥 마셨다. 그런데 샘물을 너무 많이 마신 탓에 영감의 모습은 점점 젊어지더니 급기야 갓난아이로 변하고 말았다. 젊어지려는 욕심이 너무 과했던 것이다.

　한편 할아버지는 할머니를 데리고 샘으로 갔다가 엉엉 울고 있는 어린아이를 발견하였다. 할머니는 아이를 품에 안고 달래 주었다. 아이가 울음을 그치자 할머니도 샘물을 한 모금 마시고 완전 변신에 성공하였다. 젊은 신랑과 신부의 모습으로 변한 두 사람은 서로를 보면서 기뻐하였다. 그리고 갓난아이를 집으로 데리고 가서 오래오래 행복하게 살았다.

몸과 마음의 간극

　전래 동화 「젊어지는 샘물」은 착한 할아버지가 파랑새를 구해준 보답으로 젊음이라는 선물을 받았다는 훈훈한 이야기다. 좋은 일을 하면 좋은 결과를 가져온다는 전형적인 선인선과(善因善果) 구조다. 어린 시절에는 그저 재미있게 읽고 넘어갔는데, 다시 읽은 동화에서 문득 이런 의문이 들었다.

　'왜 파랑새는 할아버지를 젊어지는 샘물로 인도했을까?'

　자신을 구해준 은혜에 보답하는 길은 많다. 다른 전래 동화에 등장하는 것처럼 돈이나 요술 방망이, 요술 맷돌이 아니라 왜 젊어지는 샘물이었을까? 파랑새는 할아버지가 가장 원하는 것을 선물로 주고 싶었을 것이다. 어쩌면 파랑새가 읽은 할아버지의 욕망은 바로 젊음이 아니었을까?

　예나 지금이나 젊어지고 싶은 욕망만큼 강렬한 것도 없다. 돈이면 안되는 것이 없는 세상이라고 하지만, 젊음만큼은 아무리 많은 돈을 준다해도 살 수 없다. 파랑새는 할아버지의 욕망을 읽고 돈보다 훨씬 귀하고 값진 젊음이라는 선물을 주고 싶었던 것이다.

　흔히 몸은 비록 늙었어도 마음만은 늙지 않았다는 말을 많이 한다. 이렇게 말하는 사람들은 시대의 흐름에 뒤처지지 않기 위해 노력한다. 뉴스도 매일 챙겨 보고 코미디 프로그램도 빠트리지 않고 보면서 요즘 유행하는 유머도 익히곤 한다. 요즘 학생들이 사용하는, 도저히 무슨 말인지 모를 은어도 공부하면서 그들과 소통하려고 애를 쓴다.

　물론 이런 노력을 삐딱한 시선으로 볼 필요는 없다. 젊은 감각을 유지하면서 사는 것이 몸뿐만 아니라 정신 건강에도 좋을 테니 말이다. 무엇보다도 세대 갈등으로 몸살을 앓고 있는 오늘날, 서로의 차이를 극복하고 소통하려 한다는 점에서 이는 매우 의미 있는 일이라 할 것이다.

　그런데 이런 생각이 너무 지나치다 보면 오히려 불편할 때가 있다. 젊음에 대한 강한 집착으로 보이기 때문이다. 이런 집착은 마음 안에서 그치는 것이 아니라 실제 몸을 바꾸려는 행동으로 이어지기도 한다. 주름을 펴준다는 주사를 맞기도 하며, 성형 수술을 하는 경우도 적지 않다.

　젊어지려는 노력에 딴죽 걸 생각은 없지만, 그것이 강한 집착에서 오는 것이라면 문제가 다르다. 그것이 때로는 우리의 삶을 파괴하고 불행을 가져올 수 있기 때문이다. 목에는 주름이 가득한데, 얼굴은 앳된 모습의 사람을 마주할 때면 보는 사람이 오히려 불편하다. 그것은 젊어지려는 노력이라기보다 집착에 가깝다.

이런 집착은 마음과 현실의 불일치에서 생기는 경우가 많다. 마음은 아직도 젊은데, 마음 밖 현실은 이미 늙은 모습을 하고 있기 때문이다. 이러한 안과 밖의 괴리가 크면 클수록 젊음에 대한 집착은 더욱 커지고 우리의 삶을 고통으로 이끄는 것이다.

그래서 사람들은 무의식적으로 이러한 괴리와 간극을 좁히려고 노력한다. 이것은 대개 두 가지 방향, 즉 몸이 마음을 따라가거나 아니면 마음이 몸을 따라가는 방향으로 진행된다. 앞서 언급한 성형 수술은 늙은 몸이 젊은 마음을 따라가는 경우라 할 것이다. 그러나 여기에는 한계가 있다. 영원한 젊음이란 존재할 수 없기 때문이다. 동화 속 이야기처럼 계속해서 젊어지는 샘물을 마시지 않는 한 늙는다는 현실을 거스를 방법은 없다. 그렇기 때문에 이러한 방향은 고통을 수반할 수밖에 없다.

이와는 달리 몸과 마음의 간극을 줄이기 위한 방법으로 마음이 몸을 따라가는 길도 있다. 이것은 몸이 늙는 것처럼 마음 역시 늙는다는 것을 인정하는 일이다. 마음이 늙는다고 슬퍼할 필요는 없다. 그것은 과거의 젊음에 집착하는 것이 아니라 현재의 삶을 있는 그대로 받아들이면서 그 안에서 행복을 찾는 일이기 때문이다.

젊음이 근육이 만들어내는 인연이라면, 늙음은 주름이 만들어내는 인연이다. 젊음이 앞만 보고 달렸던 삶이었다면, 늙음은 그렇게 살아온 자신을 돌아보면서 마음엔 평화, 입가엔 미소를 짓는 삶이다. 이러한 삶 앞에서 굳이 젊어지는 샘물을 찾을 이유는 없다.

그리고 이마와 목에 새겨진 주름에는 감히 범접할 수 없는 자신만의 삶의 모습이 담겨있다. 거기에는 어려운 환경에서도 자식들을 잘 키워냈다는 자부심도 깃들어있다. 농부의 주름에는 땅과의 인연이, 어부의 주름에는 바다와의 인연이, 직장인의 주름에는 사회와의 인연이, 선생님의 주름에는 제자와의 인연이 고스란히 담겨있다. 다만 스스로 소중한 주름을 외면하고 있을 뿐이다.

주름을 펴주는 샘물이 아니라 주름이 만들어낼 새로운 인연이 삶의 중심이 되면 좋겠다. 근육의 향기가 100리를 간다면, 주름의 향기는 1만 리를 갈 것이라 믿기 때문이다. 그 향기로 맺어질 새로운 인연 역시 아름다울 것이다. 아직 늙지 않은 처지에서 이런 말을 하는 것이 어떨지 모르지만, 주름이 만들어내는 삶에도 분명 가슴 떨림은 있을 것이다.

주름 만세!

젊음이 근육을 만들어내는 인연이라면
늙음은 주름이 만들어내는 인연이다.
주름이 만들어낼 새로운 인연이
삶의 중심이 되면 좋겠다.

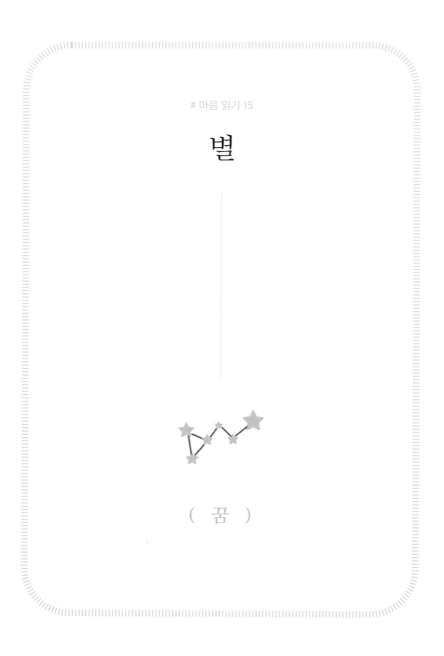

별

(꿈)

"수많은 별들 가운데 가장 아름답고 빛나는 별 하나가 길을 잃고 내려와 내 어깨에 머리를 기댄 채 잠들어 있다."

몇 번을 망설였는지 모르겠다. 세상에서 가장 순수한 사랑 이야기라고 평가 받는 알퐁스 도데(Alphonse Daudet, 1840~1897)의 단편 「별」과 꿈을 연결시키는 것이 어울릴지 고민되었기 때문이다. 그래서 쓰지 않으려 했지만, 위에 소개한 동화 속 구절이 계속해서 마음에 남아있었다. 길을 잃은 아가씨의 모습과 꿈을 잃고 사는 오늘날 청소년들의 모습이 오버랩되었던 것이다.

* * *

뤼브롱산 위에서 양을 지키는 목동 주위에는 사람 그림자라곤 찾아볼 수 없었다. 이따금 약초를 구하러 이곳을 지나가는 사람을 보는 정도였다. 목동의 옆에서 함께 지내는 개 라브리가 있는 것이 그나마 다행이었다. 그래서 보름마다 식량을 가지고 올라오는 노라드 아주머니의 밤색 두건이 언덕 아래에서 조금씩 나타나거나 노새의 방울 소리가 들릴 때면 목동은 정말 행복했다.

아주머니를 통해 아랫마을에 사는 청년이 영세를 받았다든

가, 결혼을 했다는 이야기를 듣지만, 목동의 관심은 온통 주인 집 딸 스테파네트를 향하고 있었다. 겉으로는 관심이 없는 척했지만, 사실은 그녀가 축제에 자주 가는지, 어떤 남자들이 그녀에게 관심을 보이는지 무척 궁금했다. 산속에 사는 양치기가 그런 것이 왜 궁금하냐고? 그때 목동의 나이 스물이었고, 스테파네트는 그가 세상에 태어난 후 처음 본 가장 아름다운 여인이었다.

그날도 여느 때와 마찬가지로 목동은 식량이 오기를 기다리고 있었다. 그런데 정오가 지나서도 식량을 실은 노새는 나타나지 않았다. 아마도 폭풍우가 몰아쳐서 출발하지 못했는가 보다. 3시경에 이르자 하늘이 개고 산은 햇빛과 물기로 빛나고 있었다. 그때 나뭇잎에서 떨어지는 물방울 소리와 불어난 계곡 여울물이 넘치는 소리 틈에 노새의 방울 소리가 들려왔다.

그런데 이 무슨 기적 같은 일이란 말인가! 노새를 끌고 온 것은 아주머니나 주인집 머슴이 아니라 스테파네트 아가씨였으니 말이다. 머슴 아이는 앓아누웠고 아주머니는 휴가를 얻어 자식에게 갔던 것이다. 그리고 오는 도중 길을 잃어서 늦게 도착했다는 이야기도 아름다운 그녀의 입을 통해 들을 수 있었다. 숲속에서 길을 잃었다고 했지만, 꽃 모양의 리본과 눈부신 스커트 차림의 그녀는 마치 어느 무도회에서 춤을 추고 온 것 같았다.

목동의 눈은 그녀를 쳐다보기에 지칠 줄 몰랐다. 정말이지 그녀를 이렇게 가까이서 본 적이 한 번도 없었기 때문이다. 아가씨는 혼자 지내는 것이 지루하지 않느냐고 물었지만, 목동은 가슴이 너무나 두근거려 한마디 말도 할 수가 없었다. 아가씨가 빈 바구니를 가지고 비탈진 길로 사라졌을 때, 노새 발굽에 채여 구르는 조약돌이 하나씩 하나씩 목동의 가슴 위로 떨어지는 것 같았다.

계곡 바닥이 파랗게 물들기 시작한 저녁 무렵 비탈길에서 목동을 부르는 소리가 들렸다. 아가씨가 물에 젖은 모습으로 두려움에 떨면서 나타난 것이다. 산 아래에서 물이 불어난 강을 건너려다 빠진 모양이었다. 목동은 그녀를 안심시키고 강물에 흠뻑 젖은 그녀의 옷과 발을 말리기 위해서 급히 불을 지폈다. 우유와 치즈도 가져다주었다.

캄캄한 밤이 되어 아가씨를 우리 안에 들어가 쉬도록 했지만, 양들이 울어대는 소리에 잠을 이룰 수 없었던 그녀는 밖으로 나와 피워놓은 불 곁으로 다가왔다. 목동은 그녀의 어깨 위에 염소 모피를 씌워주고 불을 더 지폈다. 하늘에는 아름다운 별들이 반짝이고 있었다. 저 수많은 별들의 이름을 아느냐고 아가씨가 물었다.

"그럼요, 아가씨. 자 보세요! 우리 머리 바로 위에 있는 건 은하수예요. 반짝이는 저 별은 북극성, 저기 보이는 것은 오리온이고요. 그러나 모든 별 중에서 가장 아름다운 별은 역시 양치기의 별 금성이랍니다. 새벽녘 양 떼를 밖으로 몰아낼 때나 저녁이 되어 우리로 몰아넣을 때도 따라와 비춰주거든요."

그렇게 이야기를 나누고 있는데, 목동의 어깨 위에 아름다운 그녀의 머리가 가볍게 다가왔다. 그녀는 하늘의 별들이 새벽빛으로 지워질 때까지 움직이지 않고 그대로 있었다. 가슴이 두근거렸지만, 목동은 고이 잠든 그녀를 지켜보았다. 가장 아름답고 빛나는 별 하나가 길을 잃고 어깨 위에 내려앉아 잠들고 있었다.

꿈꿀 자유

학창 시절 알퐁스 도데의 「별」을 읽으면서 내 마음도 목동처럼 두근거렸던 기억이 있다. 당시 짝사랑하던 소녀와 동화 속 아가씨가 오버랩되었기 때문이다. 그래서 「별」은 내 기억 속에 순수하고 아름다운 사랑 이야기로 남아있다. 그런데 이야기 속 아가씨의 모습에서 꿈을 잃고 살아가는 요즘의 아이들이 그려졌다.

2010년 한 장의 대자보가 세상을 떠들썩하게 만든 일이 있었다. 당시 고려대학교를 다니던 한 학생이 '오늘 나는 대학을 그만둔다. 아니, 거부한다.'라는 파격적인 제목으로 글을 썼기 때문이었다. 그때 나는 대학에서 '비판적 사고와 논리'라는 과목을 강의하고 있었는데, 이 글을 읽고 자신의 입장을 논리적으로 정리하는 것을 중간시험 문제로 출제했다. 그런데 시험 시간을 넘기면서까지 답안을 작성하는 한 여학생이 있었다. 그 학생이 답안지를 제출했을 때 나는 그 내용이 궁금해서 강의실에 남아 읽어보았다.

답안지를 보고 나서 대자보를 읽었을 때의 먹먹함이 다시 밀려왔다. 경쟁이 내면화된 사회에서 자신의 꿈이 무엇인지도 모른 채 어른들에 의해 만들어진 경주장 트랙에 내몰리고, 앞서가는 경주마를 추월하지 못해 상처 입은 한 영혼이 눈에 들어왔기 때문이다. 그래서 다음 시간에 자본에 의해 길들여진 교육 시스템에 대해 이야기했다. 그리고 학생들이 트랙 위를 달리는 경주마처럼 된 것은 어른들의 잘못이며, 꿈을 꾸는 일은 언제든지 다시 시작할 수 있다는 이야기도 빠트리지 않았다.

강의 도중 자연스럽게 그 학생을 보게 되었다. 그 학생은 울고 있었다. 그 눈물이 무엇을 의미하는지 알 것 같았다. 기말시험 때도 그 학생은 제일 늦게 답안지를 제출했는데, 한 장의 편지도 함께 담겨있었다.

'그리움을 주셔서 감사합니다. 그 그리움으로 씩씩하게 혼자서라도(어딘지 모르지만) 잘 갈 수 있을 것 같아요.'

그 학생에게 그리움의 대상은 다름 아닌 꿈과 용기였다. 꿈이 있는 것이 꿈이라고 말하는 학생들이 적지 않다. 그리고 어른들이 만들어놓은 경쟁의 트랙에서 꿈을 잃고 낙오된 학생들은 기댈 곳이 없다. 길 잃은 아가씨가 목동의 어깨에 기댄 것처럼 어른들이 든든한 어깨가 되어야 하는데, 오히려 채찍질을 하면서 트랙 위로 아이들을 내몰고 있다. 그저 정해진 도착지를 향해 뛰어가라고 하면서 말이다.

별은 길을 잃은 나그네에게 방향을 일러주는 역할을 한다. 그래서 별은 삶의 이정표 혹은 나침반이라 할 수 있다. 오늘의 문제는 아이들이 그것을 잃은 채 살고 있다는 사실이다. 꿈과 목표가 없기 때문이다. 어른들은 종종 아이들에게 왜 꿈이 없느냐고 말한다. 그런데 학교와 학원만을 왔다 갔다 하는 일상 속에서 꿈을 꾼다는 것이 가능한 일일까? 어쩌면 오늘의 교육은 꿈을 가질 기회도 주지 않으면서 꿈을 꾸지 않는다고 꾸짖는 것은 아닌지 모를 일이다.

꿈은 익숙한 것이 아니라 낯선 상황과 마주칠 때 꿀 수 있는 것이다. 아버지와 함께 본 한 편의 연극에서 배우의 꿈은 탄생하며, 산과 들에서 곤충과 만났을 때 생물학자의 꿈을 꾸는 것이다. 학교와 학원이라는 익숙한 상황이 아니라 자연, 극장, 박물관, 야구장과의 낯선 만남이 곧 꿈을 꿀 수 있는 기본 조건이 된다. 그런 것들과 조우할 수 있는 시간과 기회를 주지 않으면서 꿈을 꾸라고 하는 것은 너무 가혹한 일이다.

자신에게는 꿈을 꿀 자유나 권리가 없다는 어느 고등학생의 하소연이 생각난다. 그 하소연을 가볍게 듣지 말도록 하자. 왜 꿈이 없느냐고 말하기 전에 먼저 꿈꿀 시간과 기회를 제공해야 한다. 그것은 오늘을 사는 어른들의 몫이다.

밤하늘에는 아름다운 별들이 반짝이고 있지만, 오늘의 아이들은 그것을 볼 여유가 없다. 그저 축 처진 어깨를 하고서 어른들이 정해준 트랙을 걸어갈 뿐이다. 그렇게 걷다가 뒤처진 아이들이 기댈 수 있는 목동

의 어깨가 필요하다. 목동에게 아가씨가 사랑이자 꿈인 것처럼, 어른들
에게 아이들은 사랑이자 또 다른 꿈이니까 말이다.

2부

관계읽기

여우와 두루미

(배려)

철학자와 함께 읽는 동화

배려라는 주제로 글을 쓰기 위해 사전을 찾아보았더니, 이렇게 나와 있었다.

'여러 가지로 마음을 써서 보살피고 도와줌. 관심을 가지고 도와주거나 마음을 써서 보살펴주다.'

여기에서 눈에 띄는 것은 상대를 보살피거나 도와줄 때 관심을 가져야 한다는 부분이다. 이는 누군가를 도와주더라도 관심을 가지고 마음을 쓰지 않으면 배려가 아니라는 뜻이기도 하다. 예컨대 대장 수술을 받느라 며칠 동안 아무런 음식도 먹지 못한 사람에게 소고기를 사주는 일은 배려가 아니다. 소고기를 먹을 수 없을 뿐만 아니라 설사 먹는다 해도 그것은 환자의 몸을 힘들게 하기 때문이다. 상대의 입장을 고려하지 않고 도와주는 일은 배려가 아니다.

이솝 우화 「여우와 두루미」는 이를 극명하게 보여주는 이야기다. 어린 시절을 떠올리며 동화 속으로 들어가보자.

* * *

옛날 어느 마을에 여우와 두루미가 살고 있었다. 하루는 숲속에 사는 여우가 강가에 사는 두루미를 저녁 식사에 초대하였다. 여우는 넓고 납작한 접시에 여러 음식을 담아서 식탁에 내려놓았다. 여우는 두루미에게 맛있게 먹으라고 권했지만, 두루미는 하나도 먹을 수 없었다. 접시가 너무 납작해서 자신의 길고 뾰족한 부리로는 입속에 넣을 수가 없었기 때문이다. 그야말로 그림의 떡이었던 셈이다.

그런데 여우는 혀를 날름거리면서 맛있게 먹기 시작했다. 두루미는 자신의 부리를 고려하지 않은 여우가 얄미웠지만, 전혀 내색하지 않은 채 점잖게 말했다. 초대해줘서 무척 고마웠고 다음에는 자신이 초대하겠다고 말이다.

며칠 뒤 초대를 받은 여우가 두루미의 집에 왔다. 두루미는 주둥이가 좁고 길쭉한 병에 담긴 음식을 내놓으면서 말했다.

"여우야, 내가 너를 위해 특별히 마련한 음식이야. 많이 먹으렴."

여우는 병에 담긴 음식을 먹으려고 애써보았지만 아무런 소용이 없었다. 음식이 담긴 병의 주둥이가 너무 좁아서 여우의 납작한 입으로는 먹을 수 없었던 것이다. 반면에 두루미는 자신의 긴 부리를 이용해 병에 담긴 음식을 아주 맛있게 먹었다. 그리고 여우를 향해 능청스럽게 말을 건넸다.

"여우야, 나는 이 음식이 세상에서 제일 맛있단다. 어서 먹지 않고 뭐 하고 있니?"

어쩔 줄 몰라 하는 여우에게 두루미는 말을 이어갔다.

"여우야, 너는 이런 음식을 싫어하는구나. 몰라서 미안해."

두루미는 이렇게 말하고 여우의 음식까지 모두 먹어버렸다.

사랑한다는 착각

다시 읽어도 웃음이 난다. 두루미의 행동을 요즘 말로 '뒤끝 작렬'이라고 하면 어울릴 것 같다. 크게 한 방 얻어맞고 뒤돌아섰을 여우를 생각하면 씁쓸함이 밀려온다. 그런데 어쩌랴. 자신이 행한 대로 돌려받았으니, 여우로서도 할 말은 없는 셈이다.

그런데 과연 여우가 두루미를 골탕 먹이기 위해서 넓고 납작한 접시에 음식을 담아서 대접했을까? 아무리 생각해도 그런 것 같지 않다. 누군가를 초대하는 것은 상대에게 호감이 있다는 뜻일 테니 말이다. 여우는 두루미와 친해지고 싶어 초대했다. 아니, 어쩌면 여우는 두루미를 사랑했는지도 모를 일이다.

그렇다면 여우의 문제는 어디에 있을까? 그것은 상대를 사랑할 줄만 알았지 사랑하는 방법을 알지 못한 데 있었다. 두루미를 초대한 여우는 어떻게 하면 잘 대접할 수 있을까 고민했을 것이다.

'내가 좋아하는 것이라면 두루미도 좋아할 거야.'

이렇게 생각한 여우는 자신에게 익숙한 방식으로 두루미를 대접했다. 아마도 여우가 음식을 담아서 내놓은 접시는 자신이 제일 아끼는 접시였을지도 모른다. 그만큼 두루미에게 잘 보이고 싶었지만 오히려 두루미를 조롱할 것이라고는 꿈에도 몰랐을 것이다.

「여우와 두루미」를 다시 읽으면서 문득 『장자』에 나오는 노나라 임금 이야기가 생각났다. 어느 날 바닷새가 노나라 서울 밖에 날아와 앉았는데, 임금은 이 새를 보고 첫눈에 반해버렸다. 그래서 이 새를 종묘 안으로 데리고 와서 술과 고기를 대접하고 아름다운 궁중 음악을 연주해주었다. 그러나 새는 어리둥절해 하면서 슬퍼하기만 할 뿐, 술과 고기를 하나도 먹지 못했다. 그렇게 사흘이 흐르자 새는 결국 죽어버렸다는 이야기다. 『장자』에는 이야기의 결론을 이렇게 맺고 있다.

"이것은 사람을 기르는 방법으로 새를 기른 것이지, 새를 기르는 방법으로 새를 기른 것이 아니다."

이 두 이야기는 묘하게 닮아있다. 여우와 노나라 임금은 둘 다 자신에게 익숙한 방법으로 호감 혹은 사랑을 표현했다. 그렇게 하면 상대도 좋아할 것이라고 믿으면서 말이다. 그러나 이것은 커다란 착각이다. 그것은 내가 원하는 것이지 상대가 원하는 것이 아니기 때문이다. 두루미가 원한 것은 넓고 납작한 접시가 아니라 자신의 긴 부리로 먹을 수 있는 병이었으며, 바닷새가 원한 것은 술과 고기, 궁중 음악이 아니라 자신이 좋아하는 어린 물고기나 소나무 사이를 스쳐 부는 바람 소리였던 것이다.

결국 여우와 노나라 임금에게 부족한 것은 사랑의 기술이었다. 즉, 상대가 무엇을 좋아하는지에 대한 배려를 하지 않은 것이다. 상대에 대한 '마음 씀'과 '관심'은 배려의 본질이다. 이 둘에게는 이기적 사랑만 있었을 뿐, 상대에 대한 배려가 없었다. 배려가 없는 사랑은 마음 씀이 결여된 폭력이자 조롱일 뿐이다.

전남 구례에 가면 조선 후기에 지은 운조루(雲鳥樓)라는 이름의 고택이 있다. 이 집의 사랑채 옆에는 곳간이 하나 있는데, 그곳에는 쌀 세 가마니 정도 들어가는 나무로 만든 쌀독이 놓여있다. 그리고 쌀독에는 '타인능해(他人能解)'란 글자가 새겨져있다. 다른 사람들이 쌀독을 열 수 있다는 뜻이다. 굶주린 동네 주민들이 언제든지 이곳에 와서 쌀을 가져갈 수 있도록 집주인이 만들어놓은 것이다. 이웃을 사랑하는 마음이 담긴 귀한 보물이다.

그런데 이 집의 가치는 여기에 있는 것이 아니라, 주민들이 쌀을 가져가는 모습을 안채에서 볼 수 없도록 담장을 높였다는 데 있다. 누군가에게 도움받는다는 사실이 부끄러운 일은 아니지만, 스스로 당당하거나 떳떳하게 도움을 받는 것도 쉽지 않은 일이다. 집주인은 혹여 굶주린 이웃이 쌀을 가져가면서 느낄지도 모르는 수치심이나 부끄러움을 배려해서 그 모습을 볼 수 없도록 했다. 집주인의 입장이 아니라 쌀을 가져가는 이웃의 자존심을 먼저 생각한 것이다.

이런 것이 진짜 배려다. 배려는 나의 입장이 아니라 타인의 입장에서 생각하는 마음 씀이다. 여우와 노나라 임금에게 부족했던 것이 바로 운조루 주인과 같은 마음 씀이다. 이것이 결여된 사랑은 사랑이라고 부르기도 민망한 일이다.

두 이야기의 결말을 가볍게 넘기지 말자. 두루미는 여우에게 복수했고, 바닷새는 죽음을 맞이했다는 사실을 말이다. 자식을 사랑한다는 이유로 무엇을 좋아하는지도 모른 채 공부만을 강요하면 부모 곁을 떠날 수 있다. 어느 심리 상담사는 어머니의 뜻대로 명문 대학을 졸업하고 대기업에 취업한 딸이 '그동안의 삶이 지옥이었다.'는 편지를 남기고 아프리카로 떠난 사연을 전하기도 하였다. 상대를 배려하지 않는 사랑은 이렇듯 아픈 상처를 남길 수 있다. 친구나 연인 등의 관계도 마찬가지다. 배려가 없는 사랑은 사랑이란 가면을 쓴 폭력이자 조롱일 뿐이다. 배려, 그것은 사랑을 완성하는 기술이다.

배려가 없는 사랑은
사랑이란 가면을 쓴 폭력이자 조롱일 뿐이다.
배려, 그것은 사랑을 완성하는 기술이다.

임금님 귀는 당나귀 귀

(대화와 소통)

철학자와 함께 읽는 동화

대화의 단절

대화란 서로 마주하며 이야기를 주고받는 일이다. 이러한 주고받기가 잘될 때, 우리는 대화가 잘 통한다고 말한다. 그런데 이 일이 그리 쉽지만은 않은 것 같다. 서로 자기 이야기만 하고 상대방의 말을 들으려 하지 않기 때문이다. 대통령과 국민, 고용주와 노동자, 부모와 자식 간에도 서로 주려고만 할 뿐 받으려고 하지 않는다. 이것이 곧 대화의 단절을 낳고 소통이 아닌 불통으로 이어지는 것이다.

왜 우리는 자신의 말을 주려고만 하고 상대방의 이야기를 받으려고 하지 않을까? 문제의 원인은 듣고자 하는 마음, 즉 귀가 열려있지 않기 때문이다. 이것은 대화가 아니라 독백일 뿐이다. 상대가 듣지 않으면, 그것은 곧 나 혼자 떠드는 일이니까 말이다.

잘 듣기와 관련한 재미있는 동화가 있다. 전래 동화 「임금님 귀는 당나귀 귀」가 그것이다. 왜 임금님의 귀는 당나귀처럼 컸을까?

* * *

아주 오랜 옛날, 당나귀처럼 커다란 귀를 가진 임금이 살고 있었다. 임금은 사람들과 다르게 생긴 귀가 부끄러워 머리에 두건을 써서 이를 감추었다. 왕비나 신하들도 이 사실을 알지 못했지만, 상투 트는 사람마저 속일 수는 없었다. 상투를 틀기 위해서는 두건을 벗어야 했기 때문이다. 그래서 임금은 상투를 틀고 나면 그 사람을 곧바로 죽였다. 그러자 누구도 이 일을 하려고 하지 않았다.

그러던 어느 날 이러한 사실을 모르던 한 선비가 임금의 상투 트는 일을 자원하게 되었다. 상투를 틀기 위해 임금의 두건을 벗긴 선비는 그제야 사람들이 왜 이 일을 마다했는지 알 수 있었다. 임금의 커다란 귀를 보게 된 선비는 자신이 죽을 운명임을 직감하고, 마지막으로 늙은 어머니를 한 번만 뵙고 오게 해달라고 간청했다. 임금은 절대 이 비밀을 누설하지 않겠다는 다짐을 받고서 선비를 보내주었다.

집을 향해 가던 선비는 산속에서 하룻밤을 묵게 되었는데, 입이 근질근질해서 도저히 참을 수가 없었다. 선비는 숲속을 향해 크게 외쳤다.

"임금님 귀는 당나귀 귀다!"

이 소리를 들은 나무들은 깜짝 놀라 서로 수군거리기 시작했다. 마침 이곳을 지나가던 나무꾼은 나무들이 하는 말을 듣게 되었고, 이 소문은 온 나라에 퍼지게 되었다. 사람들은 모이기만 하면 임금님 귀 이야기뿐이었다. 대부분 임금님 귀가 커다랗기에 백성들의 이야기를 아주 잘 들을 거라는 내용이었다.

급기야 이 소문은 임금의 귀에까지 전해졌다. 임금은 깜짝 놀랐다. 자신은 커다란 귀를 창피하게 생각했는데, 백성들은 오히려 좋아했기 때문이다. 마침내 임금은 자신의 귀를 가리고 있던 두건을 벗어 던졌다. 귀는 이제 더 이상 부끄러운 물건이 아니라 오히려 자랑스러운 대상이 되었다. 임금은 비로소 알았다. 자신의 귀가 큰 이유는 백성들의 소리를 잘 들으라는 데 있다는 것을 말이다. 임금은 궁궐로 돌아온 선비에게 벌 대신 큰 상을 내렸다. 선비가 소문을 낸 덕분에 이러한 진실을 깨달았기 때문이다. 선비는 큰 상을 받고 기쁜 마음으로 고향으로 돌아갔다.

잘 들으려는 마음가짐

이 전래 동화는 세계 여러 나라에서 전해져오는 이야기다. 우리나라에도 여이설화(驢耳說話)란 제목으로 『삼국유사』에 실려있다. 신라 제48대 경문왕이 왕위에 오르고 나자 갑자기 귀가 당나귀처럼 길어졌다는 이야기다. 이러한 이야기가 세계 여러 곳에서 전해지는 이유는 백성들의 소리를 잘 듣는 것이 지도자의 중요한 덕목이라 여겨지기 때문이다. 이는 시대를 초월해서 중시되어야 할 가치다. 흔히 이야기하는 것처럼 민심은 곧 천심이니까.

이 동화를 다시 읽으면서 대화와 소통은 잘 듣기가 관건이라는 사실을 새삼 느끼게 되었다. 누군가의 이야기를 들어주는 귀가 없다면 대화와 소통은 불가능하기 때문이다. 대화는 혼자 하는 것이 아니라 상대[對·대]와 함께 하는 이야기[話·화]다. 그러므로 잘 듣기는 대화의 본질이라고 할 수 있다.

대화는 영어로 Dialogue라고 한다. 여기에서 'dia'는 둘을 의미하고, 'logue'는 방식 혹은 법칙을 의미한다. 이를 연결하면 대화는 두 가지 삶의 방식이라는 의미가 된다. 다른 방식으로 살아온 두 사람이 서로 마주 보고 상대와는 다른 입장을 이야기하는 것이 대화라는 것이다.

이런 점에서 보면 대화는 기본적으로 잘 통하기가 쉽지 않다. 진보주의자와 보수주의자의 대화가 잘 통하지 않는 것도 세계를 바라보는 방식이 다르기 때문이다. 나와 다른 입장을 가진 사람의 이야기를 내 귀로 잘 듣지 않으면 대화를 이어가기 어렵다. 그것은 대화라기보다는 각자 혼잣말을 하는 것이다. 이러한 독백의 현장을 우리는 여야가 격돌하는 TV 토론에서 어렵지 않게 볼 수 있다.

일상에서도 이를 쉽게 발견할 수 있다. 아들과 소통이 되지 않는다고 생각한 어머니가 이를 해소해보려고 아들 방에 들어가서 "우리 대화 좀 할까?"라고 말하면, 아들은 스마트폰을 만지작거리면서 "듣고 있으니까 말씀하세요."라고 대답한다. 어머니는 아들이 듣고 있다고 생각하면서 열심히 말을 하지만, 아들은 정말 듣고 있을까? 둘은 이야기를 하고 있지만 이 상황은 대화라기보다는 어머니의 독백에 가깝다.

처음부터 이러지는 않았을 것이다. 아들이 어머니와 대화를 하기 위해 말을 건네면, 어머니는 소파에 앉아 드라마를 보며 "말해, 아들. 들고 있으니까."라고 답한다. 아들은 말하고 싶지 않다. 어머니가 진지하게 듣지 않는다는 것을 알기 때문이다. 어찌 보면 우리의 가정이 서로 귀를 닫은 채 독백만을 일삼는 공간으로 변해가는 것은 아닐까.

언제부턴가 술에 취한 사람에게는 진지한 이야기를 하지 않는 습관이 생겼다. 모두 듣고 있다고 생각했는데, 혼자만의 독백이라는 것을 알았기 때문이다. 우리 사회도 이렇게 술에 취한 상태가 아닌지 모를 일이다. 부모와 자식, 노동자와 고용주, 여당과 야당 할 것 없이 서로 내 말만 하고 있는 것은 아닐까? 상대가 듣고 있다고 착각하면서 말이다.

그리고 내 입장이 상대와 다르다는 것을 알게 되면 우리는 쉽게 대화를 포기한다. 싸움만 일어나고 사이가 더 나빠질 것이라 생각하기 때문이다. 실제로 그런 경우를 많이 볼 수 있다. 가족을 비롯해 친한 사이일수록 정치적인 대화를 안 하려고 하는 이유도 여기에 있다. 그러나 앞서 언급한 것처럼 대화는 기본적으로 서로 다른 두 가지 입장을 가지고 하는 이야기이기 때문에 처음부터 쉽게 통할 수는 없다. 그래서 잘 들으려는 마음가짐이 필요하다. 동화 속 임금님처럼 마음의 귀를 크게 열어놓고서.

집에서 강아지를 키우는 사람들이 늘고 있다. 그런데 이것이 동물을 사랑하는 사람들이 많아지는 현상이라는 데는 쉽게 동의하기 어렵다. 정말로 동물을 사랑한다면 강아지가 시끄럽게 짖는다는 이유로 성대를 제거할 수는 없기 때문이다. 이는 가족 간 대화의 단절, 소통의 부재가 낳은 현상이라고 보는 것이 오히려 타당할 것이다. 어쩌면 대화가 아니라 일방적으로 자기 이야기를 들어주는 대상이 필요해서 강아지를 기르는 것이 아닐까? 부모는 자식의, 자식은 부모의 이야기를 들어주지 않으니 말이다. 이는 곧 자기 독백만을 일삼고 있는 우리네 슬픈 자화상이다.

　불교 경전에는 '좋다, 좋다[善哉善哉·선재선재].'란 말이 많이 나온다. 제자가 질문하면 부처님은 상대의 눈을 바라보면서 이런 식으로 진지하게 반응한다. 부처님 귀도 당나귀 귀처럼 커다란 이유가 있었던 것이다.

　아무리 나와 생각이 달라도 함께 길을 가고 싶다면 귀는 열어놓아야 한다. 진정 대화를 원한다면 아들은 스마트폰에서 눈을 떼고 어머니는 드라마에서 시선을 돌려야 한다. 그리고 상대의 이야기를 그냥 듣는 것이 아니라, 말하는 이의 눈을 바라보면서 고개를 끄덕일 줄 알아야 한다. 소통은 이럴 때 가능하다. 반복되는 말이지만 대화는 혼잣말이 아니다.

대화는 혼자 하는 것이 아니라
상대와 함께 하는 이야기다.
그러므로 잘 듣기는 대화의 본질이라 할 수 있다.

날 지켜줘, 그림자야

(존중)

철학자와 함께 읽는 동화

하얀 흑인

몇 해 전 '하얀 흑인'에 관한 끔찍한 기사를 접했다. 일명 알비노 (Albino) 현상을 나타내는 백색증 환자들이 아프리카 탄자니아에서 수난을 당하고 있다는 내용이었다. 아프리카에는 백색증 환자의 팔이나 다리 등 신체의 일부를 지니고 있으면 부와 권력, 행운이 따른다는 미신이 널리 퍼져있다. 그래서 그들의 신체를 구하기 위해 살아있는 사람을 해치는 일이 빈번하게 일어난다는 것이다. 기사는 한 소년이 학교에서 돌아오는 길에 갑자기 달려든 어른들에 의해 팔이 잘려나갔다는 소식을 전했다. 어린 소년은 그날의 악몽을 떠올리며 자신이 도살당하는 염소 같았다고 말했다.

백색증은 멜라닌 세포를 합성하지 못해 생기는 선천성 유전질환이다. 멜라닌은 피부색을 결정하는 색소다. 멜라닌이 많으면 피부색이 검은 쪽에 가깝고 반대로 멜라닌이 적으면 피부가 백색에 가깝게 된다. 이 질환을 앓는 이들은 검은 피부를 가진 사람들과는 달리 온몸이 하얗게 변하는 증세를 보인다. 그들은 피부색이 하얗다는 이유만으로 온갖 차별은 물론 생명의 위협까지 느끼며 힘겨운 삶을 이어가고 있다.

피부색이 검다는 이유만으로 백인들에게 온갖 핍박과 수난을 당해온 아프리카 사람들이 같은 이유로 자신들의 이웃을 해치고 있는 오늘의 상황을 어떻게 보아야 할까? 여기 그들의 슬프면서도 따뜻한 이야기를 담은 동화가 있다. '희망TV SBS'를 연출했던 이호석 PD의 창작 동화

『날 지켜줘, 그림자야』다.

* * *

　하늘나라 그림자 마을에 살고 있는 아기 그림자는 아침 해가 뜨면 땅으로 내려오고 저녁이 되면 다시 마을로 돌아간다. 아기는 마티의 그림자이기 때문에 늘 붙어 다녔는데, 웬일인지 다른 친구들은 마티를 몹시도 싫어했다. 그래서 마티가 지나가면 친구들은 놀려대곤 했다.

　"저기 하얀 괴물 마티다! 괴물이래요~ 괴물이래요~."

　그랬다. 마티는 아파서 다른 친구들과 달리 피부가 하얀색이었던 것이다. 그래서 친구들과 어울리지도 못하고 늘 외톨이였다. 어느 날 그림자는 하얀 뭉게구름을 타고 땅으로 내려왔는데, 마티가 보이지 않았다. 여기저기 아무리 찾아봐도 마티를 찾을 수 없었다. 그때 옆에 있던 나무가 마티는 저 동굴 안에 있다고 말해주었다.

　그림자는 나무가 일러준 동굴로 들어갔다. 그런데 어두운 동굴에서 마티는 혼자 울고 있었다. 동굴에서 나가면 하얀 피부의 아이들만 잡아가는 괴물이 자기를 기다린다고 말하면서 말이다. 친구들에게 도움을 청해보자는 그림자의 말도 위로가 되지 않았다. 친구들도 자기를 미워하기 때문이란다.

이때 갑자기 괴물이 동굴로 쳐들어와 마티를 잡아먹으려고 했다. 마티와 그림자는 무서워서 꼼짝할 수가 없었다. 그 순간 별똥별이 밤하늘을 수놓으며 그림자 마을에 있는 엄마의 목소리를 전해주었다.

　"아가야, 너는 용기 있는 아이란다. 마티를 지켜주렴."

　엄마의 목소리에 힘이 난 그림자는 괴물을 향해 큰 소리로 "넌 누구냐?"라고 외치면서 동굴 밖으로 나왔다. 그때 달님이 그림자를 환하게 비춰주자 아기는 괴물보다 훨씬 큰 그림자로 변해있었다. 괴물은 자기보다 힘센 도깨비인 줄 알고 목숨만 살려달라고 애원하면서 멀리 도망갔다. 도망치는 괴물을 향해 아기 그림자는 큰 소리로 외쳤다.

　"또 마티를 괴롭히면 혼쭐을 내줄 테다!"

　마티는 웃으면서 그림자에게 고맙다는 인사를 건넸다. 마티의 웃는 모습을 보니 그림자도 마음이 놓였다. 잠시 후 괴물을 피해 숨어있던 친구들이 나타나 마티에게 말했다.

　"마티야, 미안해. 널 도와주지 못해서. 그동안 피부색이 다르다고 놀려서 정말 미안해."

　친구들은 마티에게 손을 건넸고 이 모습을 지켜보던 달님이 웃으면서 말했다.

　"얘들아, 지금 달빛에 비친 그림자를 보렴. 모두 똑같은 색깔이지? 피부색이 달라도 그림자 색깔은 다 똑같듯이 너희들은 모두 똑같은 친구란다."

그림자는 마티와 친구들을 껴안았다. 그리고 달빛 아래 모두
의 그림자는 하나가 되었다. 마티는 더 이상 혼자가 아니다. 이
제는 곁에 친구들이 있으니까.

사랑에는 색깔이 없다

동화 『날 지켜줘, 그림자야』는 짧은 이야기지만 깊은 울림을 가져다
주었다. 남과 다르다는 이유만으로 상처를 감내해야 했던 마티의 이야
기에 공감이 되었기 때문이다. 그리고 늦게나마 마티에게 미안하다며
따뜻하게 손을 건넸던 친구들의 모습이 감동으로 다가왔다.

역시 어린아이들의 솔직함은 위대하다. 자신의 잘못을 솔직하게 인
정하고 친구 관계를 회복했기 때문이다. 잘못을 알면서도 핑계를 대느
라 분주한 어른들과는 분명 다른 모습이다.

오스트리아 출신의 유대계 종교 철학자인 마틴 부버(Martin Buber,
1878~1965)는 인간이 맺는 관계를 두 가지로 압축하였다. 하나는 '나(I)'와
'그것(It)'의 관계이며, 다른 하나는 '나'와 '너(Thou)'의 관계다. 'Thou'는 너
를 가리키는 영어 'You'의 옛말이다. 물론 우리가 지향해야 할 인간관계
는 나와 너다. 용어에서 드러나는 것처럼 다른 사람은 책상이나 컴퓨터
와 같은 '그것'이 아니라, 인격적인 관계로서 존중의 대상인 '너'여야 하기

때문이다.

그런데 이 세계는 타인인 너를 인격이 아니라 사물로 취급한 아픈 역사를 갖고 있다. 백인들은 강제로 흑인들을 노예로 만들어, 시장에서 돈을 주고 사거나 팔았다. 인격을 가진 인간을 상품처럼 취급했던 것이다. 우리나라도 예외는 아니다. 조선 시대까지 노비는 인격이 아니라 조건만 맞으면 사고팔 수 있는 물건이었다. 나와 너가 아니라 나와 그것의 관계였던 것이다. 이런 상황에서 존중이라는 가치는 결코 나올 수 없다.

오늘의 자본주의 사회는 모습만 조금 바뀌었을 뿐 여전히 인간을 '그것'으로 취급하고 있다. 노동자를 소비되는 상품으로 취급하는 경우를 우리는 종종 목격한다. 열악한 환경 속에서 죽어간 노동자를 자본가는 과연 인격으로 바라보았을까? 자본가는 노동자를 자신에게 돈을 벌어 주는 대상(It)으로 생각한 것은 아닌지 돌아볼 일이다.

한때 우리 사회를 뜨겁게 달궜던 대한항공의 '땅콩 회항 사건'은 이를 적나라하게 보여준다. 당시 부사장은 승무원을 '너'가 아닌 '그것'으로 대했다. 인격, 즉 존중의 대상이 아니라 사물로 대한 것이다. 그녀가 사회적 지탄의 대상이 되었던 이유도 바로 여기에 있었다.

나와 다르다는 이유로 인격적 차별을 감행하는 이면에는 차이와 차별에 대한 무지가 자리하고 있다. 언제부터인지 모르겠지만, 내게 작은 습관이 하나 생겼다. 가까운 벗들이 다르다는 의미를 '틀리다'라고 말할 때마다 나는 이렇게 지적하곤 했다.

"'다르다'라니까."

'다르다'는 것과 '틀리다'는 것은 그 범주와 의미가 결코 같지 않다. 흑인과 백인, 사과와 배, 유럽의 문화와 아시아 문화는 서로 다른 것이지 틀린 것이 아니다. 그럼에도 불구하고 우리는 무의식적으로 '틀리다'는 말을 너무 많이 사용하고 있다. 이는 마치 사과 맛이 파랗다고 말하는 것과 같다. 맛이라는 범주에는 시거나 달다는 표현이 어울리지 색깔이라는 범주에 속하는 파랗다는 표현은 어울리지 않는다. 이를 흔히 범주의 오류(category mistake)라고 한다. 다름과 틀림을 혼동해서 사용하는 것도 마찬가지다.

다른 것을 틀리다고 말하는 이유는 어디에 있을까? 혹여 우리들 무의식 속에 '나와 다르면 틀리다.'는 관념이 깊이 내재되어 있기 때문은 아닌지 모를 일이다. 그래서 나와 다른 이를 차별의 시선으로 보는 것은 아닐까? 차이와 차별은 분명 범주가 다르다.

그럼에도 백인은 흑인을 차별했으며, 유럽 문명은 아시아 문명을 미개하다며 차별했다. 한국 사회는 동남아에서 온 노동자들을 차별했으며, 자본을 가진 이들은 노동자들의 존엄마저 짓밟는 차별을 감행하였다. 그들 자신이 우월하다고 생각해서 그랬겠지만, 이는 결국 차이와 차별을 구분하지 못하는 무지의 극치일 뿐이다.

엄밀하게 말하면 다르다고 해서 차별해야 하는 논리적이고 철학적인 근거는 없다. 백인과 흑인, 사용자와 노동자는 다른 것이며 지구가 평평하다는 명제는 그른 것이다. 사기나 폭력과 같은 그릇된 행동은 차별할 수 있어도 다른 것을 차별할 수는 없다. 이를 인식하지 못한 채 일부 몰

지각한 사람들이 자신과 다른 이들에게 갑질을 하고 있는 것이다.

차이와 차별을 구분하지 못하는 이들에게 경종을 울린 인물이 있다. 미국인들이 좋아하는 슈퍼볼 게임에서 우승함과 동시에 최우수 선수로 선정된 한국계 미국인인 하인스 워드(Hines Ward, 1976~)다. 그는 한국에 돌아와서 이런 명언을 남겼다.

"Love has no color."

사랑에는 색깔이 없다는 뜻이다. 피부색이 다르고 가난한 나라에서 왔다는 이유로 다문화 가정을 차별했던 우리 사회를 부끄럽게 만든 일성이었다.

이와 마찬가지로 존중에도 색깔이 없다. 마티의 친구들이 깨달은 것도 바로 피부색을 바라보는 왜곡된 시선이었다. 그림자는 차이와 차별을 극복하고 존중과 사랑의 의미를 일깨워준 고마운 존재였다. 하인스 워드가 출국하고 얼마 지나지 않아 반가운 소식이 들려왔다. 국가인권위원회가 특정 색상을 '살색'이라 부르는 것은 인종차별적이므로 '살구색'이란 단어를 쓰도록 권고한 것이다.

어찌 보면 차이는 오히려 나의 존재감을 드러내는 고마운 존재다. 나의 정체성은 차이에서 드러나기 때문이다. '나'는 '너'와의 차이에서 드러나며, '흰색'은 '검은색'과의 차이에서 드러난다. 그런 의미에서 보면 너는 나의 존재 이유이자 근거라고 할 수 있다. 차별이 아니라 존중하고 사랑해야 하는 이유도 여기에 있다.

언제부턴가 TV에 출연한 사람들이 '틀리다'라고 말하면 '다르다'고 고

처서 자막을 넣어준다. 매우 바람직한 현상이라고 본다. 우리 사회에는 수많은 마티들이 있다. 이들을 지켜줄 그림자와 달님들은 다른 사람이 아닌 우리 스스로가 되어야 한다. 앞서 언급한 것처럼 그들은 다름 아닌 나의 존재 이유이자 근거이기 때문이다. 나와 다르다고 해서 차별하지 않는 사회, 아니 나와 다르기 때문에 서로 존중하고 사랑하는 사회. 우리가 꿈꾸는 세계도 이런 곳이 아닐까?

'나'는 '너'와의 차이에서 드러나며
'흰색'은 '검은색'과의 차이에서 드러난다.
그런 의미에서 보면
너는 나의 존재 이유이자 근거라고 할 수 있다.

피노키오

(정직)

철학자와 함께 읽는 동화

거짓말을 하면 상대가 알아차릴 수 있을 만큼 표시가 나는 사람이 있다. 그런 사람들은 대개 얼굴이 빨개지거나 말을 더듬는 등 행동이 자연스럽지 못하다. 온갖 거짓과 속임수가 난무하는 오늘날 살아가기 쉽지 않은 유형이다. 이번 동화의 주인공은 그 정도가 훨씬 심하다. 이렇게 광고하면 곧바로 알 수 있을 것이다.

"깃털 달린 모자를 쓰고 반바지 차림을 한 나무 인형을 찾습니다. 거짓말을 하면 코가 길어지는 특징이 있습니다."

바로 피노키오다. 각종 인형극과 애니메이션에 단골손님으로 등장하는 인물이다. 어린 시절 동화로 많이 읽었지만, 오랜 시간이 지나서인지 거짓말을 하면 코가 길어진다는 내용 이외에 잘 기억이 나지 않는다. 그래서 다시 읽어보았다.

* * *

아주 오랜 옛날 목수 일을 하는 제페토 할아버지가 가족도 없이 홀로 살고 있었다. 할아버지는 나무를 깎아 소년 모양의 인형을 만들고 피노키오라는 이름을 지어주었다. 그러던 어느 날 요정이 나타나 피노키오가 사람처럼 움직일 수 있도록 해주었고, 할아버지 말씀 잘 듣고 공부도 열심히 하면서 착하게 지내면 진짜 사람이 될 수 있다고 말했다.

　사람처럼 움직이게 된 피노키오는 장난을 좋아하는 개구쟁이였다. 난로 옆에서 장난을 치다가 다리에 불이 붙은 적도 있었다. 한번은 학교를 빼먹고 여우와 고양이를 따라 인형극을 보러 갔는데, 여우와 고양이가 피노키오를 극단 주인에게 팔아버리고 말았다.

　극단 주인에게 사로잡힌 피노키오는 창고에 감금되었다. 그때 요정이 나타나 피노키오를 나무랐지만, 자신은 학교에 가고 싶었는데 여우와 고양이 때문에 이렇게 되었다면서 거짓말을 했다. 그러자 갑자기 피노키오의 코가 쭉 늘어났다. 피노키오의 거짓말은 계속해서 이어졌고, 그러면 그럴수록 코는 점점 길게 늘어났다. 피노키오가 울면서 다시는 거짓말을 하지 않겠다고 뉘우치고 나서야 코는 다시 짧아졌다. 그리고 피노키오는 요정의 도움으로 창고에서 빠져나올 수 있었다.

　집으로 돌아오던 피노키오는 갈매기로부터 할아버지가 자신을 찾아다니다가 바다에 빠졌다는 소식을 듣게 되었다. 피노키오는 배를 타고 할아버지를 찾아 나섰다. 그런데 갑자기 커다란 고래가 나타나 피노키오를 삼키고 말았다. 고래 배 속으로 들어간 피노키오는 놀랍게도 그곳에서 할아버지를 만날 수 있었다.

　이곳에서 빠져나갈 궁리를 하던 할아버지가 불을 피우자 고래가 재채기를 하기 시작했다. 그 바람에 할아버지와 피노키오는 고래의 배 속에서 빠져나올 수 있었다. 피노키오는 나무로 만들어졌기 때문에 바다 위에서 뜰 수 있었고, 할아버지는 피노키오에 의지해 무사히 집으로 돌아올 수 있었다.

피노키오가 할아버지를 구했다는 것을 알게 된 요정은 피노키오를 칭찬하면서 진짜 사람으로 만들어주었다. 이제 피노키오는 더 이상 나무 인형이 아니라 착한 소년이 되어 할아버지와 함께 오래오래 행복하게 살았다.

정직은 양심의 소리

동화 「피노키오」는 월트디즈니사의 애니메이션으로 많이 알려져 있지만, 본래는 이탈리아 동화 작가인 카를로 콜로디(Carlo Collodi, 1826~1890)가 1883년에 쓴 『피노키오의 모험』이 원작이다. 원작에는 다소 폭력적이거나 비극적인 부분도 등장하는데, 디즈니가 아이들을 위해 피노키오를 친근하고 귀여운 캐릭터로 재탄생시켰다. 이 동화는 '꼭두각시 인형 피노키오'로 시작하는 동요로도 만들어졌으며, 몇 해 전에는 피노키오처럼 거짓말을 하면 곧바로 티가 나는 사람이 기자가 된다는 내용의 드라마가 만들어지기도 했다. 그만큼 피노키오는 많은 사람들의 사랑을 받고 있다.

누가 뭐라 해도 이 동화의 하이라이트는 피노키오가 거짓말을 할 때마다 코가 길어지는 장면이다. 참으로 흥미로운 발상이다. 어린 시절에는 그저 재미있게 읽었는데, 지금 와서 생각해 보면 가볍게 넘어갈 문제가 아닌 것 같다. 인간의 삶에서 중시되는 정직, 양심과 관련된 문제라 보이기 때문이다. 이 동화는 거짓말을 하면 사람의 몸에서 어떤 반응이 일어난다는 사실에서 아이디어를 얻어 만들어진 작품이 아닐까 싶다.

피노키오의 코는 오늘날로 보면 거짓말 탐지기와 같은 기능을 한다. 거짓말 탐지기는 그 사람이 진실을 말하는지 거짓을 말하는지를 알아내는 기계다. 이 기계는 사람이 거짓말을 하면 맥박이나 혈압, 호흡과 같은 신체의 기능에 변화가 일어난다는 점에 착안해서 만들어졌다. 그렇기 때문에 이 기계의 정확도는 매우 높은 편이다.

그렇다면 왜 인간은 거짓말을 할 때 몸에서 변화가 일어나는 것일까? 그것은 바로 인간이라면 누구나 가지고 있는 양심이 작동하기 때문이다. 양심이란 어떤 행동이 옳은지 그른지를 구별할 수 있는 마음이다. 그런데 양심은 후천적으로 개발하는 것이 아니라 선천적으로 주어진 것이다. 인간은 거짓말을 하면 그것이 잘못임을 본능적으로 느낀다. 그때 양심이 작동하면서 심장이 두근거리는 등의 변화가 일어난다.

양심이란 주제로 이야기할 때 독일의 철학자 칸트(Immanuel Kant, 1724~1804)를 빼놓을 수 없다. 그는 양심에 대해서 그 누구보다 철저하게 연구하고 또한 최고의 찬사를 보낸 인물이다. 칸트의 묘비에 새겨진 명언이다.

"생각하면 할수록 언제나 감탄스럽고 경건한 마음을 불러일으키는 것이 두 가지가 있다. 하나는 밤하늘에 반짝이는 별들이고, 다른 하나는 가슴속에 빛나는 양심이다."

밤하늘에 수많은 별들이 반짝이는 것처럼, 우리의 마음에도 도덕 법칙이라는 양심의 별이 반짝이고 있다는 뜻이다. 그렇기 때문에 양심을 따르는 것은 '할 수 있는' 일이 아니라 마땅히 '해야만 하는' 일이라는 것이 칸트의 생각이다. 이것을 윤리학에서는 의무론이라고 부른다. 양심을 지키는 것은 인간의 의무이기 때문에 결코 어겨서는 안 된다는 것이다.

이와는 달리 양심을 지켜야 하는 이유는 사회 전체에 이익을 가져다주기 때문이라는 공리주의적 설명도 있다. '최대 다수의 최대 행복'이란 말로 유명한 벤담(Jeremy Bentham, 1748~1832)이나 밀(John Stuart Mill, 1806~1873) 등이 이를 대표하는 인물이다. 이들에 따르면 어떠한 행위도 그 자체로 옳거나 그를 수 없다. 옳고 그름을 판단하는 유일한 기준은 사회 전체에 이익을 가져다주는지 여부에 달려있다. 예컨대 양심에 따라 약속을 지키는 것이 그렇지 않은 것보다 훨씬 더 많은 이익을 가져다주기 때문에 옳다는 것이다.

어느 입장에 따르더라도 양심을 지키는 것이 옳다는 결론이 나온다. "정직이 최선의 방책이다(Honest is the best policy)."라는 구호가 동화 「피노키오」의 교훈인 것도 다 이유가 있었던 셈이다. 또한 동화에서 나무 인형이 진짜 사람으로 변신할 수 있었던 것도 양심을 지키고 정직했기 때문이라는 점도 놓쳐서는 안 된다. 작가는 어쩌면 생물학적이 아니라 윤리적인 측면에서 사람인가 아닌가의 기준을 양심에서 찾고 있는지도 모를 일이다.

오늘날에는 이러한 가치들이 물질과 자본의 힘에 무릎을 꿇고 있는 형국이다. 그래서인지 때로는 고리타분한 느낌으로 다가오기도 한다. "양심은 사람들이 들으려 하지 않는 작은 목소리."라는 피노키오의 말이 우리에게 울림을 주는 이유도 여기에 있다. 그러나 잊지 말기로 하자. 윤리학적 담론을 떠나 정직하지 못하면 우리들 삶이 피곤하고 불행하다는 사실을 말이다. 뺑소니 사고를 치고 달아난 사람이 공소 시효를 넘겼는데도 불구하고 자수하는 이유도 다른 데 있는 것이 아니다. 그것은 바로 양심을 속이고 사는 삶이 고통스럽기 때문이다. 그러한 고통에서 벗어나기 위해서는 양심을 회복하는 이외에 달리 방법이 없다.

양심에도 굳은살이 박이면 감각이 무뎌지기 마련이다. 양심을 속여도 거짓말 탐지기가 반응하지 않는다면 이 세상은 어떻게 될까? 상상만 해도 끔찍한 일이다. 이 동화가 아름다운 것은 피노키오가 거짓말을 하면 코가 길어지기 때문이다. 놓치지 말기로 하자. 정직, 그것은 양심의 소리라는 것을.

밤하늘에 수많은 별들이 반짝이는 것처럼
우리의 마음에도 도덕 법칙이라는
양심의 별이 반짝이고 있다.

관계 읽기 05

두 친구의 새끼줄

(책임)

철학자와 함께 읽는 동화

최근 몇 년 동안 우리 사회에 세월호 참사, 코로나 팬데믹, 이태원 참사 등을 비롯해 굵직한 사고가 많이 일어났다. 이로 인해 국민의 가슴엔 '상처'라는 이름의 커다란 구멍이 생겼다.

"책임과 권위는 동전의 양면과 같다. 권위가 없는 책임이란 있을 수 없으며 책임이 따르지 않는 권위도 있을 수 없다."

독일의 사회학자 막스 베버(Max Weber, 1864~1920)의 말이다. 오늘의 우리 사회가 권위를 갖지 못하는 이유도 여기에서 찾을 수 있다. 책임을 다하지 않는 사회와 권위는 결코 어울리지 않는다. 그래서 책임에 관한 동화를 준비해봤다. 전래 동화 「두 친구의 새끼줄」을 통해 책임에 대해 성찰해볼까 한다.

* * *

어느 산골 마을에 쌍둥이처럼 붙어 다니는 두 친구, 장이와 동이가 살고 있었다. 이들은 나무를 하거나 물고기를 잡으러 갈 때도 언제나 함께였다. 두 친구는 비록 가난했지만, 얼굴에는 항상 웃음꽃이 피어있었다.

그러던 어느 날 장이가 쌀을 빌리려고 동이네 집에 찾아갔다. 쌀이 모두 떨어져서 동생들이 굶고 있었기 때문이다. 그러나 동이네 쌀독 역시 텅 비어 있었다. 장이는 동이에게 머슴살이라도 하자고 제안했고, 둘은 고개 넘어 어느 대감 집으로 찾아갔다. 무슨 일이든 열심히 하겠다는 두 친구의 말에 대감마님은 이들에게 일거리를 주었다.

다음날부터 두 친구는 마당을 쓸고 쇠죽을 끓이며 나무도 해오는 등 열심히 일했다. 힘은 들었지만 일한 품삯으로 가족들이 굶지 않게 되어 오히려 기뻤다. 장이가 논일을 하면 쌀알이 송알송알 맺혔고, 동이가 과수원 일을 하면 과일이 주렁주렁 열렸다. 주인집 대감은 열심히 일하는 두 친구의 모습을 보면서 흐뭇해했다.

어느덧 3년이 훌쩍 지나가고 마침내 머슴살이를 마치고 집에 가는 날이 다가왔다. 장이와 동이는 신이 나서 대감마님을 찾아가 그동안 잘 보살펴주셔서 감사하다는 인사를 건넸다. 그런데 주인집 대감이 못마땅한 얼굴을 하면서, 아주 가느다란 새끼줄이 필요하니 밤을 새워서라도 꼬아놓으라고 말하는 것이었다.

방에서 나온 동이는 내일이면 집에 가는데, 하루 전날 이렇게 일을 시키면 어떻게 하느냐면서 투덜거렸다. 하지만 장이는 그러지 말고 같이 새끼줄을 꼬자고 설득했다. 장이는 대감마님이 시킨 마지막 일이라 생각하면서 호롱불 옆에서 열심히 가는 새끼줄을 꼬았다. 너무 열심히 하는 바람에 장이는 해가 뜰 무렵에야 잠이 들었다. 하지만 동이는 밤새 놀다 들어왔다. 장이가 꼬아놓은 새끼줄을 보고 동이는 부랴부랴 새끼를 꼬기 시작했다. 동이는 대충대충 굵은 새끼줄을 꼬아놓고 잠이 들어버렸다.

다음 날 아침, 두 친구가 새끼줄을 들고 찾아가자 대감마님은 이들을 창고로 데려갔다. 대감마님이 커다란 궤짝을 활짝 열자 그 안에는 엽전이 가득 들어있었다.

"그동안 고생했구나. 너희들이 밤새 꼰 새끼줄에 엽전을 마음껏 꿰어 가져가거라."

장이는 가느다란 새끼줄에 엽전을 꿰었지만, 동이는 새끼줄이 굵어서 엽전을 넣을 수 없었다. 장이의 엽전 꾸러미는 너무 무거워 나귀 등에 실어야 할 정도였지만, 동이가 손에 쥔 엽전은 달랑 한 닢이었다. 장이가 동이의 손을 슬며시 잡으면서 말했다.

"내가 반을 나누어줄게. 우린 친구잖아. 대신 앞으로는 더 열심히 사는 거야!"

두 친구는 서로 마주 보며 활짝 웃었다.

책임이 없다면 권한도 없다

「두 친구의 새끼줄」은 책임을 다하면 좋은 결과를 가져온다는 교훈적인 내용을 담고 있는 동화다. 머슴살이를 끝내는 마지막 날까지 최선을 다하는 장이의 모습이 인상적으로 다가왔다. 오늘날엔 좀처럼 보기 힘들지만, 책임이란 무릇 이런 모습이어야 하지 않을까 싶다.

이 동화를 읽으면서 책임이란 과연 무엇일까를 생각해본다. 책임은 영어로 'responsibility'라고 표현한다. 이는 어떤 요구나 부름에 대한 반응(response)을 의미한다. 예를 들어 어린아이가 배가 고파 엉엉 울면, 어머니는 자신의 젖을 아이의 입에 물리는 것으로 반응한다. 이것이 부모로서 아이를 양육해야 하는 절대적 책임이자 의무다. 대통령이 취임식 때 국민의 생명과 재산을 보호한다는 엄숙한 선서를 하는 것도 국민의 요구에 대한 반응이자 책임이라 할 수 있다.

이러한 반응으로서의 책임이 고용주와 노동자 사이에서는 비즈니스 관계로 드러난다. 이 둘은 계약을 통해 서로의 반응을 확인한다. 그리고 계약이 마음에 들지 않을 때는 자신에게 주어진 권리를 행사하려고 한다. 예컨대 고용주는 노동자의 임금을 낮추거나 해고하려고 하며, 노동자는 더 높은 대우를 받기 위해 집회나 파업을 하기도 한다. 그들이 행사하는 권한이나 반응으로서의 책임은 철저하게 비즈니스적인 관계에서 이루어진다.

책임과 의무에는 항상 권한과 권리라는 단어가 따라다닌다. 권리와 의무, 권한과 책임은 동전의 양면과 같은 것이다. 그런데 책임의 크기에 따라 권한이 결정된다는 사실을 간과해서는 안 된다. 의사는 환자의 병에 대해 치료라는 반응을 보임으로써 권한을 갖는다. 특히 생명이라는 절대 가치를 다룬다는 점에서 의사라는 직업은 특별한 권한과 권리를 가진다. 의사라는 단어 뒤에 선생님이라고 존칭어를 붙이는 이유도 여기에 있다. 그만큼 막중한 책임을 가진다는 의미이기도 하다.

이런 점에서 의사들의 파업은 일반 노동자들의 파업과는 성격이 다르다. 단순히 비즈니스적인 관계를 넘어선 책임이 요구되기 때문이다. 의사들이 파업할 때마다 생명을 담보로 파업을 할 수 있느냐는 질문이 제기되는 이유이기도 하다. 성격이 조금 다르기는 하지만 아이를 부양하는 것이 부모의 절대적 책임인 것과 비슷하다.

국가도 마찬가지다. 한 나라의 수장이 가장 강력한 권한을 갖는 이유도 국민을 보호해야 하는 책임이 그만큼 막중하기 때문이다. 따라서 책임을 다하지 못하면 권한 역시 정당성을 인정받지 못한다. 권위가 서지 않는 것은 당연한 일이다. 마치 부양에 대한 책임을 다하지 않으면서 매일 술만 마시는 아버지가 자식들에게 권위만 내세우려는 것과 같다.

공자는 나라가 바로 서려면 이름을 먼저 바르게 해야 한다고 하였다. 이를 정명(正名)이라 한다. 모든 이름[名·명]에는 그에 합당한 실재[實·실]가 있기 마련인데, 이름에 어울리는 책임 있는 행동을 해야 한다는 것이다. 임금은 임금답고[君君·군군], 아버지는 아버지다워야[父父·부부] 한다는 뜻이다. 그것이 바로 이름에 담긴 무거운 책임이다. 단순하게 보이지만 매우 무서운 논리다. 임금이 임금답지 않으면 임금이 아니라는 뜻이 담겨있기 때문이다.

공자의 뜻을 이어받은 맹자는 한발 더 나아가 역성혁명(易姓革命)을 주장하기도 하였다. 임금이 이름에 어울리는 책임을 다하지 못하면 바꾸어야 한다는 뜻이다. 그 무서운 논리가 단순하게 보이는 '정명'에서 나왔다는 것을 생각하면, 책임이라는 단어에 담긴 무게감이 크게 느껴진다.

동화 속 장이가 아름다운 것은 결과와 관계없이 주어진 책임을 다했기 때문이다. 요즘처럼 책임을 다하지 못하면서 권한만을 내세우는 이들에게서는 좀처럼 보기 힘든 모습이다. "군자는 자기에게 책임을 추궁하고, 소인은 남에게 책임을 추궁한다."는 『논어』의 구절이 자꾸 떠오르는 이유는 무엇일까.

실상 책임을 다한 사람들은 자신의 권한을 많이 내세우지 않는다. 장이가 자신의 권한이라 할 수 있는 엽전을 동이에게 나눠준 것처럼 말이다. 우리는 기억해야 한다. 책임이 없다면 권한도 없다는 것을.

권리와 의무, 권한과 책임은
동전의 양면과 같다.
책임의 크기에 따라 권한이 결정된다는 사실을
간과해서는 안 된다.

팥죽 할머니와 호랑이

(협동)

서로 힘을 모으면

"뭉치면 살고 흩어지면 죽는다[團生散死·단생산사]."

1945년 10월 미국에서 귀국한 이승만 전 대통령이 도착 성명을 발표하면서 했던 말이다. 이승만 전 대통령의 입을 통해 유명해진 이 말은 본래 미국 건국의 아버지이자 계몽주의 사상가로 널리 알려진 벤저민 프랭클린(Benjamin Franklin, 1706~1790)이 했다고 한다. 이 말은 그가 만든 정치 카툰인 「펜실베이니아 가제트」에 처음 실렸는데, 이 카툰은 미국의 독립전쟁 중 식민지 주민들의 자유를 향한 상징이 되었다고 한다.

서로 마음과 힘을 하나로 모으는 것을 협동이라고 한다. 그렇게 마음과 힘을 하나로 뭉치면 그 어떤 난관도 극복할 수 있다고 옛 선인들은 생각하였다. 그래서인지 협동은 어린 시절 학교 급훈의 단골 메뉴이기도 했다. 협동의 중요성을 전해주는 재미있는 전래 동화가 있다. 「팥죽 할머니와 호랑이」인데, 이 동화를 통해 협동과 연대의 위력을 느낄 수 있을 것이다.

* * *

아주 오랜 옛날 팥죽을 맛있게 끓이는 할머니가 밭을 매고 있는데, 호랑이 한 마리가 나타나 할머니를 잡아먹으려 했다. 그러자 할머니는 올겨울에 동지 팥죽 한 번만 쑤고 나서 잡아

먹으면 안 되겠느냐고 사정했다. 호랑이는 팥죽을 먹고 싶은 생각에 입맛을 다시면서 물러갔다.

어느덧 시간이 흘러 동지 하루 전날이 되었다. 할머니가 한숨을 내쉬면서 팥죽을 쑤고 있는데, 자라가 엉금엉금 기어와 왜 그리 한숨을 쉬는지 물었다.

"나는 내일이면 호랑이 밥이 된단다. 어찌하면 좋겠니?"

"할멈, 나 팥죽 한 그릇만 줘. 그럼 내가 호랑이를 쫓아줄게."

할머니는 자라에게 팥죽 한 그릇을 가득 퍼주었지만, 한숨은 끊이지 않았다. 그때 알밤이 또르르 굴러와 왜 한숨을 쉬느냐고 물었다. 할머니는 내일이면 호랑이 밥이 되는 것이 슬퍼서 그런다고 대답했다. 그런데 알밤 역시 팥죽 한 그릇만 주면 호랑이를 쫓아준다고 말하는 것이었다.

알밤의 뒤를 이어 쇠똥, 맷돌, 지게, 멍석까지 나타나 할머니에게 팥죽을 얻어먹었다. 그런 후 자라는 물독으로 퐁당 들어갔고, 알밤은 아궁이 속에, 쇠똥은 부엌 바닥에, 맷돌은 부엌 선반 위에 앉았다. 멍석은 부엌 앞에 넙죽 엎드리고, 지게는 마당 한구석에 기대어 서 있었다.

동짓날 밤이 되자 호랑이는 할머니 집 마당에 어슬렁어슬렁 들어섰다. 그리고 할머니에게 말했다.

"어흥! 할멈, 내가 왔다. 약속은 잊지 않았겠지?"

그러자 할머니는 동지 팥죽을 끓여놨으니 부엌에 들어가 먹으로라고 말했다. 호랑이가 부엌에 들어가 아궁이 속을 들여다보는데, 알밤이 툭 튀어나와 호랑이의 눈을 딱 때렸다. 호랑이는 앞이 안 보여 더듬거리다가 물독에 손을 넣었는데 그 안에 숨어있던 자라가 호랑이의 손을 꽉 물었다. 깜짝 놀란 호랑이는 뒷걸음을 치다가 그만 쇠똥을 밟고 미끄러졌다. 엉덩방아를 찧은 호랑이가 부엌문을 나서려는데 맷돌이 머리 위로 쿵 하고 떨어졌다.

호랑이는 한동안 정신을 잃고 겨우 기어 나오다가 멍석 위로 넘어졌다. 멍석이 호랑이를 둘둘 말자 지게가 척 짊어지고는 성큼성큼 달려가서 강물에 호랑이를 집어던졌다. 그 후로 할머니는 해마다 동짓날이 돌아오면 팥죽을 쑤어 고마운 친구들과 나눠 먹었다.

협동과 연대의 힘

전래 동화 「팥죽 할머니와 호랑이」는 해마다 동짓날이 돌아오면 팥죽을 끓여 이웃들과 나누어 먹는 우리의 풍습을 재미있게 풀어 쓴 이야기다. 어린 시절을 돌아보면 옆집에서 팥죽을 끓이면 서로 나눠 먹곤 했는데, 요즘엔 좀처럼 보기 힘든 광경이다. 그만큼 우리가 각박한 세상을 살고 있는 것은 아닐까.

이 이야기는 호랑이라는 극강의 존재와 할머니나 자라, 맷돌, 알밤, 멍석과 같은 약자가 대결 구도를 이루고 있다. 할머니나 자라의 힘은 나약하기에 개별적으로 호랑이와 맞선다면 결코 이길 수 없지만, 서로 힘을 모으면 상대가 아무리 강하더라도 이겨낼 수 있다는 교훈을 담고 있다. 협동과 연대의 힘이 느껴지는 동화다.

이 동화를 다시 읽으면서 순망치한(脣亡齒寒)이라는 고사성어가 생각났다. 입술과 이는 서로 의지하는 관계이므로 입술이 없으면 이가 시리다는 뜻이다. 입술과 이에 해당하는 약한 두 나라가 서로 의지하고 도우면 강한 나라에게 망하지 않을 텐데, 작은 나라가 생존을 위해 큰 나라에 붙었다가 두 나라 모두 망하게 되었다는 중국 고사다. 동화 「팥죽 할머니와 호랑이」에 비유한다면, 이 이야기와는 달리 자라가 자기만 살려고 호랑이에게 붙었다가 자신은 물론 할머니와 알밤, 멍석, 지게 모두 죽게 된다는 것과 같다.

2016년을 뜨겁게 달구었던 촛불의 힘은 협동과 연대가 얼마나 중요한지를 여실히 보여주었다. 한 사람의 힘은 매우 약하다. 그렇기 때문에 한 개인이 헌법의 근간과 민주주의 기본 질서를 파괴한 국가 권력에 맞선다고 해서 이길 수는 없다. 그러나 수많은 개인이 협동하고 연대하면 그 파괴력은 엄청나다. 바람이 불면 꺼진다는 촛불은 더욱더 불타올라 횃불과 들불이 되어 전국으로 번져나갔다. 그리고 마침내 자그마한 촛불들은 불가능할 것 같던 대통령 탄핵이라는 결과를 이끌어냈다.

협동과 연대의 힘이 얼마나 위대한가를 우리는 역사를 통해 수없이 확인했다. 1960년에 일어난 4.19혁명은 힘없는 학생들이 하나로 뭉쳐서 철통같은 이승만 정권의 독재를 무너트렸다. 학생들이 흩어지지 않고 똘똘 뭉쳐서 민주주의를 살려냈으니, '뭉치면 살고 흩어지면 죽는다.'는 이승만 전 대통령의 말이 실현된 셈이다. 1987년 6월 민주 항쟁 역시 그 중심에는 연약한 학생들과 시민들이 있었다. 그날 나는 시장에서 과일 장사를 하던 분과 함께 시위대에 과일을 나르면서 주권자의 권리를 외쳤다. 그 역사의 현장을 지금도 잊을 수 없다. 학생들과 넥타이 부대, 시장 상인들의 협동과 연대가 없었다면 결코 이룰 수 없는 역사적 사건이다.

이러한 역사적 사건들을 통해 우리들의 민주의식은 조금씩 발전하였다. 특히 2016년 촛불의 영향으로 우리나라 국민들의 정치의식, 시민의식은 질적으로 한 차원 높아졌다. 협동과 연대를 통해 얻게 된 값진 선물이다. 이 선물은 단순한 기쁨으로 끝나는 것이 아니라 오늘날 우리에게 닥친 국내외 여러 어려움을 극복하는 동력으로 작용할 것이다.

나뭇가지 하나는 쉽게 부러트릴 수 있다. 그러나 이것들을 뭉쳐놓으면 매우 단단해서 쉽게 부러지지 않는다. 그렇게 묶인 나뭇가지들은 하나의 나뭇가지와는 비교할 수 없는 힘과 질적 가치를 지닌다. 학교에서의 조별 과제, 조합이라는 이름의 협동체, 각종 운동 경기에서의 팀플레이 등은 이를 잘 보여준다 할 것이다. 우리가 협동하고 연대해야 할 이유도 여기에 있다.

호랑이라는 권력자를 물리칠 수 있었던 것은 힘없는 개인들의 협동과 연대가 있었기 때문이다. 우리 사회에는 자본과 물질, 권력에 취한 호랑이들이 곳곳에 널려있다. 술에 취한 호랑이는 스스로 깨어날 수 없는 존재다. 그들을 미망의 술에서 깨어나게 할 수 있는 것은 오직 할머니와 알밤과 같이 작지만 주권을 가진 이들이다. 주권자들의 협동과 연대는 새로운 역사를 창출하는 원동력이다.

우리 사회에는 자본과 물질, 권력에 취한
호랑이들이 곳곳에 널려있다.
그들을 미망의 술에서 깨어나게 할 수 있는 것은
오직 주권자들의 협동과 연대다.

청개구리

(효)

2014년 12월 '건전하고 올바른 인성을 갖춘 시민을 육성하여 국가사회의 발전에 이바지함을 목적으로 한' 인성교육진흥법이 국회를 통과하였고, 이듬해 7월부터 시행되고 있다.

이 법은 각 분야의 전문가들 사이에서 많은 논쟁을 불러일으켰다. 인성교육은 자신의 내면을 바르고 건전하게 가꾸며 타인과 공동체, 자연과 더불어 살아가는 데 필요한 인간다운 성품과 역량을 기르는 일이다. 인성은 아무리 강조해도 지나치지 않지만, 이를 법으로 규정하는 것이 과연 타당한가 하는 문제를 시작으로 '인성이란 과연 무엇인가.' 하는 철학적 논쟁으로까지 이어졌다.

그런데 인성교육진흥법 개정안이 발의되면서 이 법이 제정될 당시 인성교육의 핵심 가치로 제시되었던 '효(孝)'가 빠지게 되었다. '효가 충효 교육을 연상하게 할 정도로 지나치게 전통 가치를 우선하기 때문.'이라고 한다. 그러자 성균관을 비롯한 대한노인회, 유림단체 등에서 이를 비판하고 나섰다. 결국 '효'라는 덕목은 인성교육의 핵심 가치에 다시 포함되었다.

여기에서 개정안의 타당성 여부에 대해 논할 생각은 없다. 다만 효라는 덕목이 언제부턴가 삶의 중심에서 멀어지고 있다는 점은 지적하고 싶다. 그래서 준비한 동화가 바로 「청개구리」다. 이를 통해 전통 가치에서 멀어지고 있는 '효'에 대해 성찰하는 시간을 가져볼까 한다.

＊ ＊ ＊

오랜 옛날 어느 연못에 엄마 말씀을 좀처럼 듣지 않는 청개 구리가 살고 있었다. 청개구리는 엄마가 시키는 일은 무엇이든 반대로 하였다. 이리 오라고 하면 저 멀리 갔고, 앉으라고 하면 서 있곤 했다. 더우니까 연못에 들어오라고 하면 무조건 '싫어 요.'라고 말하면서 땀을 흘리며 바위에 앉아있었다.

"아가야, 청개구리는 개굴개굴 하고 우는 거란다."

엄마가 이렇게 말하면 거꾸로 '굴개굴개' 울 정도였다. 밤이 깊어 잠을 자라고 하면, 또 다시 "싫어요." 하면서 큰 소리로 노 래를 부르기도 하였다. 엄마는 너무도 말을 듣지 않는 청개구리 가 늘 걱정이었다. 아이에 대한 근심이 너무 컸기 때문인지 엄 마는 결국 병이 들고 말았다. 병이 점점 깊어지고 좀처럼 나을 기색이 보이지 않자, 엄마는 청개구리를 불러 이렇게 당부하였 다.

"아가야, 내가 죽거든 산에 묻지 말고 꼭 냇가에 묻어주렴. 엄마의 마지막 부탁이니 꼭 들어주렴."

이 말을 남기고 엄마는 세상을 떠나고 말았다. 엄마는 비가 내려도 떠내려가지 않는 산에 묻히길 원했지만, 청개구리는 무 엇이든 반대로 행동했기 때문에 일부러 냇가에 묻어달라고 유 언을 남긴 것이다.

청개구리는 눈물을 흘리면서 깊은 후회를 했다. 자신이 엄마 말씀을 잘 듣지 않고 반대로만 행동했기 때문에 엄마가 돌아가셨다고 생각한 것이다. 청개구리는 자신의 행동을 깊이 뉘우치고 엄마의 마지막 유언만은 꼭 지켜야겠다고 결심했다. 그래서 엄마의 유훈에 따라 산에 묻지 않고 냇가에 묻어주었다.

그때부터 청개구리는 비만 내리면 '개굴개굴' 하면서 더 크게 울었다. 엄마 무덤이 떠내려갈까 걱정이 되었기 때문이다.

"엄마, 엄마! 개굴개굴."

효, 숨겨진 욕망 살피기

전래 동화 「청개구리」는 부모님의 말씀을 잘 듣지 않는 학생에게 선생님이 단골 메뉴처럼 들려주는 이야기였다. 초등학교 시절 이 이야기를 듣고 마음에서 작은 울림이 일었던 기억이 어렴풋하다. 요즘은 어떤지 모르겠지만 적어도 청개구리 이야기가 그 당시 아이들에게는 임팩트 있는 동화였던 것 같다.

이 동화는 부모님 말씀을 잘 듣고 효도해야 한다는 교훈으로 귀결된다. 진부한 주제인지 모르겠지만, 다시 읽은 「청개구리」에서 효란 무엇일까를 생각해본다. 시대에 따라 효의 외형적 기준은 다를 수 있겠지만, 본질은 결국 부모님의 마음을 헤아리는 데 있지 않을까 싶다. 그래서 이렇게 정의해봤다.

'효란 부모님의 숨겨진 욕망을 살피는 일이다.'

개인의 성향이나 경제적 능력 등에 따라 차이가 있겠지만, 부모들은 웬만해서는 자녀들에게 자신의 욕망을 잘 드러내지 않는다. 자녀들이 부담을 갖거나 불편할 거라 여기기 때문이다. 이처럼 부모의 욕망은 사랑이란 이름 뒤에 숨어있어서 자녀들이 눈치채기가 만만치 않다.

그래서인지 부모들은 자녀가 좋은 선물을 사준다고 해도 마다하기 일쑤다. 그런 물건은 별로 쓸 데도 없고 좋아하지 않기 때문이라는 것이다. 함께 여행을 가자고 말해도 다리가 아프다거나, 오랜 시간 자동차나 비행기 타는 일이 힘들다는 그럴듯한 핑계를 대기도 한다. 그러면 자녀들은 그것이 정말 부모의 마음인 줄 알고 그 뜻을 잘 받들어 여행에서 부모님을 제외한다. 부모님이 원하지 않기 때문이라고 위안을 삼으면서 말이다.

그런데 부모의 속마음도 그럴까? 좋은 물건을 갖거나 여행 가는 일을 싫어할 사람은 별로 없다. 자녀들에게 부담을 줄까 봐 자신의 욕망을 드러내지 않을 뿐이다. 그럴 때 자녀들이 한 번 더 권하면 부모들은 못 이기는 척하면서 받아들인다. 그리고 여행을 가면 언제 그랬냐는 듯이 무척 좋아한다. 그래서 부모님이 거절할 때 '한 번 더 권하기'는 그분들의 속내를 조금이라도 알 수 있는 괜찮은 기술이기도 하다.

현실적으로 부모의 숨겨진 욕망을 아는 일이 그리 쉬운 것은 아니다. 그렇기 때문에 관심을 가지고 살피지 않으면 부모님의 입에서 나오는 말씀을 곧이곧대로 받아들이기 십상이다. 그렇다면 부모의 속내를 알아내는 근원적인 방법은 없을까?

『대학』에 '혈구지도(絜矩之道)'라는 말이 있다. 혈구란 물건의 길이나 폭 등을 재는 곱자를 말한다. 곱자는 기준이 동일하기 때문에 물건의 종류와 모양에 관계없이 정확하게 길이를 측정할 수 있다. 이는 내 마음이나 다른 사람의 마음이 똑같으므로, 자신의 마음을 타인의 마음을 헤아리는 척도로 삼아야 한다는 것을 의미한다. 예를 들어 내가 좋아하는 것은 다른 사람도 좋아하고 내가 싫어하는 것은 다른 사람도 싫어하기 때문에, 내가 좋아하는 것은 다른 사람도 할 수 있도록 해주고 싫어하는 것은 시키지 않아야 한다는 것이다.

이를 다른 말로 '추기급인(推己及人)'이라고도 한다. 나를 미루어서 다른 사람에게 미친다는 뜻이다. 『대학』에서 이를 강조하는 이유는 사람의 마음이 대개 비슷하기 때문이다. 인(仁)의 실천 방법으로 제시된 '서(恕)'는 바로 이를 의미한다. 사람의 마음[心·심]은 서로 같기[如·여] 때문에 다른 이의 마음을 헤아릴 수 있다는 것이다.

부모의 숨겨진 욕망을 살피는 비밀은 바로 여기에 있다. 즉, 나의 욕망을 살펴보면 된다는 것이다. 나의 욕망을 보면 부모의 욕망 또한 알 수 있기 때문이다. 내가 여행을 가고 싶으면 부모님도 여행을 가고 싶고, 내가 청소나 빨래, 아기 돌보는 일 등을 힘들어하면 부모 역시 힘들어한다. 둘 다 '같은 마음[如心·여심]'이기 때문이다. 『논어』에서는 이를 '내가 하고 싶지 않은 일을 남에게 베풀지 말라[己所不欲 勿施於人·기소불욕 물시어인].'고 간명하게 정리하고 있다.

이런 이야기가 있다. 옛날 어느 마을에 효자로 소문난 아들이 있었는데, 새로 부임한 원님이 그를 불러 어떻게 부모님을 모시는지 물어보았다. 아들은 어머니가 돌아가셔서 아버지의 식사나 잠자리를 정성껏 살펴드린다고 말했다. 그랬더니 원님이 아들에게 이런 불효가 어디 있냐고 호통을 치면서 곤장을 치도록 하였다. 어머니가 돌아가셨으면 새어머니를 모셔서 아버지의 식사나 잠자리를 돌보도록 해야 하는데, 아들이 그 일을 했기 때문이라는 것이었다. 원님이 효자라고 소문난 아들을 혼냈던 이유도 바로 아버지의 숨겨진 욕망을 살피지 않았기 때문이다. 자녀들은 대개 부모님이 어머니, 아버지로서만 남길 바란다. 그러나 그 이전에 그분들도 여성이고 남성이기 때문에 혼자가 되면 이성을 그리워한다. 스스로를 살펴보면 어렵지 않게 알 수 있는 부분이다.

　동화에서 청개구리는 끝까지 엄마의 숨겨진 욕망을 살피지 못했다. 혹여 우리도 그러고 있는 것은 아닐까? 어머니를 냇가에 묻어주는 우를 범하고 있는 것은 아닌지 스스로 돌아볼 일이다.

내 마음과 다른 사람의 마음이 똑같으므로
자신의 마음을 타인의 마음을 헤아리는
척도로 삼아야 한다.

선녀와 나무꾼

(자유)

전래 동화 「선녀와 나무꾼」 이야기를 모르는 사람은 거의 없을 것이다. 대개는 어린 시절 동화책으로 만났을 것이고, 선생님이나 어머니를 통해서도 숱하게 들어왔을 이야기다.

* * *

어느 깊은 산골에 홀어머니를 모시고 사는 나무꾼 총각이 있었다. 그는 나이가 들도록 장가를 가지 못했으며, 그런 아들을 어머니는 안쓰러운 마음으로 바라보았다. 총각 역시 하루빨리 결혼해서 어머니께 효도하고 싶었지만, 그저 마음뿐 가난한 나무꾼이 아내를 얻는 일은 만만치 않았다.

그러던 어느 날 나무꾼에게 기회가 찾아왔다. 총각이 여느 때처럼 나무를 하고 있는데, 사냥꾼에게 쫓기던 사슴 한 마리가 달려와서 자신을 살려달라고 애원했다. 나무꾼은 위기에 빠진 사슴을 숨겨주고 뒤쫓아 오던 사냥꾼에게는 엉뚱한 곳을 알려주었다. 사슴은 자신의 목숨을 구해준 나무꾼이 고마워서 소원을 하나 들어주겠다고 말했다. 나무꾼은 장가가는 것이 소원이라고 말했고, 사슴은 한 가지 방법을 일러준다.

"보름달이 환하게 뜨는 밤, 하늘에서 내려온 선녀들이 연못에서 목욕할 때 옷 한 벌을 감추세요. 날개옷이 없으면 하늘로 올라가지 못하니, 그 선녀를 집으로 데려가면 됩니다."

그리고 사슴은 선녀가 아이 셋을 낳을 때까지는 절대로 날개옷을 보여줘서는 안 된다고 간곡하게 당부했다. 나무꾼은 그러겠다고 굳게 다짐했지만, 끝내 이 약속을 지키지 못했다.

보름이 되어 연못에 이르자, 과연 사슴의 말대로 하늘에서 내려온 선녀들이 그곳에서 목욕을 하고 있었다. 나무꾼은 그녀들이 목욕하는 장면을 숨어서 지켜보다가 날개옷 한 벌을 몰래 숨겼다. 저 멀리 동쪽 하늘에서 새벽빛이 비치기 시작하자 목욕을 마친 선녀들은 하늘로 올라갔다. 그러나 한 선녀만은 옷이 없어 하늘로 올라가지 못하고 엉엉 울고 있었다. 이때 나타난 나무꾼은 선녀를 데리고 집으로 갔다. 너무나도 쉽게 아내를 얻은 셈이 되었다.

선녀와 나무꾼은 부부의 인연을 맺고 결혼을 했지만, 선녀의 마음속엔 하늘나라에 대한 그리움이 자리하고 있었다. 그럼에도 불구하고 자신을 구해준 부지런하고 착한 남편을 보면서 스스로 위안을 삼았다. 아이도 둘이나 낳았고 선녀는 이러한 생활에 점차 익숙해졌다.

보름달이 환하게 뜬 어느 날 나무꾼은 아내, 아이들과 함께 달구경을 하고 있었다. 그런데 선녀의 눈가에 이슬이 촉촉하게 맺혔다. 하늘나라 생각이 난 것이다.

"내 날개옷은 어디에 있을까?"

이 말을 들은 나무꾼은 아내에게 미안한 마음이 들었다. 사슴과의 약속이 생각났지만, 아내가 너무 가엾게 느껴져 나무꾼은 그만 자신이 숨겨두었던 날개옷을 보여주고 말았다. 그런데 전혀 예상하지 못했던 일이 일어났다. 날개옷을 입은 아내가 두 아이를 품에 안고서 하늘로 올라간 것이다.

아내를 잃은 슬픔으로 하늘만 쳐다보던 나무꾼에게 사슴이 다시 나타난다. 사슴은 보름날 연못에 가면 하늘에서 두레박이 내려올 것이니, 그것을 타고 하늘로 올라가면 아내와 아이들을 만날 수 있다고 일러준다. 나무꾼은 사슴이 알려준 대로 두레박을 타고 하늘로 올라가 아내, 아이들과 함께 행복한 나날을 보낸다.

그러나 나무꾼은 홀로 두고 온 어머니가 생각나서 하늘 생활이 마냥 즐겁지만은 않았다. 남편의 마음을 알게 된 아내는 하늘을 나는 용마를 타고 어머니를 만나고 오라고 말한다. 절대로 용마에서 내리면 안 된다는 당부도 잊지 않았다.

용마를 타고 온 아들을 만나자, 어머니는 너무 반가워 아들이 좋아하는 호박죽을 만들어주었다. 그런데 나무꾼은 그릇이 너무 뜨거워서 호박죽을 용마의 등에 떨어뜨렸고, 이에 놀란 용마가 펄쩍 뛰는 바람에 나무꾼은 그만 땅에 떨어지고 말았다. 용마는 하늘로 올라갔고, 땅에 남은 나무꾼은 슬픔에 잠겨 시

름시름 앓다가 세상을 떠나고 말았다. 그리고 나무꾼의 넋은 수
탉이 되어 매일 아침 하늘을 쳐다보며 '꼬끼오!' 하면서 목 놓아
울었다.

내가 원하는 삶

　대개 동화에는 교훈이 담겨있기 마련이다. 어릴 적 기억을 더듬어보
면, 이 이야기의 하이라이트는 나무꾼이 사슴과의 약속을 지키지 않고
아내에게 날개옷을 보여주는 바람에 선녀가 하늘로 올라가는 장면이다.
이 동화를 통해 얻을 수 있는 교훈은 약속을 잘 지켜야 한다는 것이었
다. 그리고 착하게 살면 복을 받지만, 자신이 그 복을 잘 지키지 않으면
모두 물거품이 된다는 것 정도였다.
　지금에 와서 생각해보면, 이 동화와 약속을 잘 지켜야 한다는 교훈
은 썩 어울리지 않는다. 물론 나무꾼이 사슴과의 약속을 잘 지켰다면
이 이야기는 행복한 결말로 끝났을지 모른다. 그러나 이것은 나무꾼의
입장에서만 생각한 것이다. 선녀의 처지에서 본다면 불행도 이런 불행
이 있을 수 없다. 자신의 의지와 관계없는 삶을 살아야 하기 때문이다.
　나무꾼이 아내를 얻은 방법 역시 결코 정당하거나 바람직하지 않다.
날개옷을 숨긴 것은 폭력만 사용하지 않았을 뿐 납치나 다름없다. 선녀
에게 날개옷은 하늘에 올라갈 수 있는 권리이자 자유이기 때문이다. 한

마디로 나무꾼은 부정한 방법으로 선녀의 자유와 권리를 빼앗은 것이다.

언젠가 고등학교에서 인문학 특강을 한 적이 있다. 특강하기 전에 학생들의 생각을 알아보기 위해서 미리 몇 가지 설문 조사를 하였다. 설문 내용 중 하나는 '나는 지금 내가 원하는 삶을 살고 있는가?'였다. 이 질문에 대해 많은 학생들은 그렇지 못하다고 답했다. 쉽게 예상할 수 있는 반응이었다. 그런데 자신이 원하는 삶을 살지 못하는 이유를 듣고서 가슴이 먹먹해졌다. 적지 않은 학생들이 자신들은 꿈을 꿀 자유나 권리가 없기 때문이라고 답했던 것이다.

과연 꿈이나 자유, 권리가 누군가로부터 주어지거나 빼앗을 수 있는 것일까? 물론 사회적 약속이라 할 수 있는 법을 어겼을 경우, 국가가 법을 어긴 사람의 자유나 권리를 제약할 수는 있다. 그런 경우를 제외하면 자유와 권리는 성별이나 인종에 관계없이 태어날 때부터 모두에게 주어진 것이다. 이는 대한민국의 고등학생이라고 해서 예외일 수는 없다. 그렇기 때문에 어느 누구도 이러한 자유와 권리를 빼앗거나 양도하라고 강요해서는 안 된다. 누군가가 자신의 자유나 권리를 빼앗으려 한다면, 이는 목숨 걸고 지켜야 할 일이다. 인류의 역사는 일부에 의해 부당하게 빼앗긴 자유와 권리를 찾는 과정을 통해 발전해 왔다.

선녀에게 있어서 날개옷은 하늘로 올라갈 수 있는 자유와 권리를 상징한다. 동화에서는 부지런하고 착한 인물로 묘사되고 있지만, 나무꾼은 결코 해서는 안 될 일을 한 것이다. 그에게 선녀의 자유를 빼앗을 권리는 없기 때문이다. 부당한 방법으로 선녀의 자유를 빼앗은 삶이 행복했을까? 그랬다면 나무꾼은 정말 나쁜 사람이다. 그러나 나무꾼은 양심이 작동하는 인물이었기 때문에 자유를 빼앗긴 아내의 슬픔에 마음이 움직였던 것이다. 날개옷을 선녀에게 내어준 것은 양심의 발로이자, 자신의 잘못된 행동에 대한 시인이었다.

날개옷을 돌려받은 선녀도 처음에는 고민하지 않았을까. 자신이 원한 것은 아니지만 시어머니와 남편, 아이들과 함께 하는 삶에 익숙해졌을 것이다. 익숙한 것과의 이별이 결코 쉬운 일은 아니다. 그녀에게는 이곳에 남을 것인지, 아니면 하늘로 올라갈 것인지 선택이 주어졌다. 선녀는 자신의 자유의지대로 날개옷을 입고 하늘로 올라갔다. 익숙한 삶이 아니라 자유를 택한 것이다.

이 동화는 자유와 권리에 관한 이야기다. 자유와 권리는 내게 주어진 고유한 가치이지, 누군가 내게 선물로 주거나 빼앗아 갈 수 있는 것이 아니라는 사실을 우리는 잊어서는 안 된다. 학생들에게 전하고자 했던 메시지도 바로 이것이었다.

인류의 역사는 일부에 의해 부당하게 빼앗긴
자유와 권리를 찾는 과정을 통해 발전해 왔다.

개미와 베짱이

(성실)

철학자와 함께 읽는 동화

근면 성실의 가치

어린 시절을 돌이켜보면, 교실마다 급훈이 쓰인 액자가 걸려있었다. 거기에는 선생님이 교육 목표로 내세운 가르침이 담겨있었다. 급훈 가운데 많이 등장하는 단어가 '근면', '성실'과 같은 것들이었다. 열심히 공부하고 성실하고 근면하게 생활하면 성공할 수 있다는 믿음이 담긴 단어들이다. 경제 성장을 제일의 가치로 여겼던 시대의 산물이라 할 것이다.

그런데 오늘날 이러한 가치들은 그리 대접을 받지 못하는 것 같다. 아무리 성실하고 근면하더라도 미래의 성공을 보장받을 수 없기 때문이다. 태어나면서 이미 금수저와 은수저, 흙수저로 신분이 결정되는 사회에서 이를 극복할 수 있는 방법은 그리 많지 않다. 아무리 노력해도 미래가 보장되지 않는데, 어떻게 성실이라는 가치가 중시될 수 있겠는가. 헬조선이라는 용어가 등장한 것도 이러한 사회 현상이 반영된 것이다.

그럼에도 불구하고 성실이라는 가치를 포기할 수 없는 이유는 무엇일까? 이솝 우화 「개미와 베짱이」를 통해 이 문제를 고민해볼까 한다.

* * *

어느 무더운 여름날 베짱이는 나무 위에 앉아 노래를 부르면서 놀고 있었는데, 개미들은 그 아래에서 땀을 뻘뻘 흘리며 열심히 일하고 있었다. 베짱이는 놀지도 않고 일만 하는 개미들을 향해 이렇게 놀려댔다.

"개미들아. 너희는 일만 하려고 태어났니? 나처럼 놀면서 하라고."

그러나 개미는 놀기만 하는 베짱이에게 말했다.

"지금 열심히 일하지 않으면 겨우내 굶게 된다고. 그러니 베짱이 너도 놀지만 말고 일 좀 하렴."

베짱이는 겨울이 오려면 아직도 멀었는데, 일만 하는 개미를 이해할 수 없었다. 그래서 개미들을 한심하다는 듯 바라보면서 노는 데만 열중했다.

어느덧 더운 여름이 지나가고 추운 겨울이 다가왔다. 찬바람이 불면서 하얀 눈이 펑펑 내리고 있었다. 베짱이는 먹을 것을 찾아 눈 속을 헤맸지만 매번 허탕만 쳤다. 너무 굶은 탓에 걸을 힘도 남아있지 않았다.

그렇게 걷다가 문득 개미의 집을 발견한 베짱이는 먹을 것을 좀 나눠달라고 애원했다. 성실한 데다가 착하기까지 한 개미는 베짱이를 외면하지 않았다. 베짱이를 집으로 들인 개미는 여름내 비축해두었던 음식을 나누어주었고, 베짱이는 따뜻한 난롯가에 앉아 배불리 먹었다. 그리고 베짱이는 개미에게 사과했다.

"개미야, 일만 한다고 놀려서 미안해. 내가 어리석었어."

이렇게 베짱이는 자신의 어리석음을 반성했고, 개미는 내년부터는 열심히 함께 일하자고 베짱이에게 말했다.

성실, 모든 존재의 근원

다시 읽은 「개미와 베짱이」에서 여전히 열심히 일하는 개미의 모습이 눈에 들어왔다. 그러나 미래를 준비하기 위해 땀을 흘리는 모습은 그리 매력적이지 않았다. 아무리 노력해도 '개천에서 용 나는' 일이 불가능해진 오늘날에는 그러한 모습이 사람들에게 감동을 주지 않기 때문이다. 그보다는 개미의 성실함 자체에 눈길이 갔다. 성실은 그것이 가져다주는 결과와 관계없이 인간 존재의 의미라고 믿기 때문이다.

스무 살 시절 프랑스의 실존주의 철학자 알베르 카뮈(Albert Camus, 1913~1960)를 좋아해서 그의 책을 닥치는 대로 읽은 적이 있다. 그 가운데 가장 기억에 남는 책은 『시지프스의 신화』다. 이 책을 이해하기 위해 몇 번을 반복해서 읽었기 때문이다. 마지막 책장을 넘기고 나서 이 책의 주제가 성실의 가치라는 것을 알았을 때, 이유는 잘 모르겠지만 내 눈에서는 눈물이 흐르고 있었다.

널리 알려진 것처럼 시지프스는 신들로부터 무서운 형벌을 받는데, 그것은 바위를 산꼭대기까지 굴려 올리는 것이었다. 그러나 그 바위는 다시 산 아래로 굴러떨어진다. 인간에게 있어서 아무런 이득이 없고 희망도 없는 일을 하는 것만큼 고통스러운 것도 없다. 바위가 굴러떨어질 것을 알면서도 바위를 짊어지고 산을 올라야 하는 영겁의 형벌을 신은 시지프스에게 내렸다. 잔인해도 너무 잔인한 형벌이다.

그러나 신이 간과한 것이 있었다. 산 정상을 향해 묵묵히 걸어가는 발걸음 그리고 어깨 위에 흘러내리는 땀방울은 인간만이 느낄 수 있는 삶의 의미라는 것을 말이다. 신은 형벌을 내렸지만, 카뮈는 이 신화를 새롭게 해석하여 결과와 무관하게 이루어지는 성실 그 자체에서 인간 삶의 의미를 발견했다. 카뮈가 위대한 이유도 바로 여기에 있다.

이러한 성실의 의미는 동양이라고 해서 예외일 수 없다. 동양의 고전인『중용』에서는 성실에 최고의 찬사를 보낸다.

"성실은 모든 존재의 시작과 끝이니, 성실하지 않으면 존재라고 할 수 없다[誠者物之終始 不誠無物·성자물지종시 불성무물]."

이는 곧 성실이 모든 존재의 근원이라는 뜻이다. 이처럼 옛 성현들은 '존재한다는 것은 곧 성실하다는 것.'이라는 의미로 해석하였다. 주어진 결과와 관계없이 성실함에서 인간의 의미를 발견하고자 했던 점에서『중용』의 가르침은 알베르 카뮈의 시지프스 해석과 서로 통한다 할 것이다. 동화 속 개미는 단지 겨울을 대비하기 위해 열심히 일하는 존재가 아니라, 성실함에서 자기 존재의 의미를 찾는 사람들의 모습이다.

자본이 모든 것을 지배한 사회에서는 어떤 일을 할 때 그것이 가져다주는 결과를 먼저 생각한다. 그래서 이익이 될 것이라 판단되면 열심히 추진하고, 반대로 손해가 될 것 같으면 하지 않는다. 즉 그 일 자체가 지니는 의미가 아니라 이해관계를 먼저 생각한다는 것이다. 그것이 공공의 이익을 가져온다 할지라도 자본의 이익을 전제하지 않는 것이라면 의미를 갖지 못한다. 특히 모든 것을 자본의 효율이라는 관점에서 바라보는 신자유주의 시대에서는 더더욱 그렇다.

이러한 사회에서 성실에 대해 이야기하는 것이 어쩌면 무의미할지도 모른다. 모든 것을 결과로 판단하는 시스템에서 성실의 가치가 점점 빛을 잃고 있는 것이다. 그러나 성실 자체에서 인간 존재의 의미를 발견하려 했던 정신만은 놓치고 싶지 않다. 이는 자본의 꼭두각시 역할에 만족하는 이들에게는 해당되지 않는다. 인간과 삶의 의미를 고민하고 성찰하는 이들에게만 주어진 선물이다. 그 선물은 아무에게나 주어지지 않는다.

흔히 이야기하는 '사람의 일을 다 하고 천명을 기다린다[盡人事待天命·진인사대천명].'는 말 역시 가볍게 넘길 일이 아니다. 여기에서 진인사(盡人事)란 다름 아닌 성실을 가리킨다. 자신이 할 수 있는 모든 일을 성실하게 다하는 사람은 결과에 연연하지 않는다. 결과는 내 몫이 아니기 때문이다. 카뮈가 새롭게 해석한 시지프스처럼 어쩌면 결과 자체는 이미 의미가 없는지도 모른다. 결과가 좋으면 만족하고, 설사 결과가 좋지 않더라도 실망하지 않는 정신에서 우리는 인간의 위대함을 발견하게 된다. 동화 속 개미는 바로 그러한 인간 정신을 보여주는 상징이다.

최선을 다했는데도 어떻게 이런 결과가 나올 수 있느냐고 불평하는 이들은 어찌 보면 최선을 다한 것이 아닌지도 모른다. 정말로 성실하게 최선을 다했다면, 후회도 미련도 없어야 한다. 그것이 옛 선인들이 지향했던 삶의 방식이었다. 성실, 그것은 모든 존재의 근원이다.

자신이 할 수 있는 모든 일을
성실하게 다하는 사람은
결과에 연연하지 않는다.
결과는 내 몫이 아니기 때문이다.

숨어 사는 박쥐

(시비)

철학자와 함께 읽는 동화

박쥐구실

‘편복지역(蝙蝠之役)’ 또는 ‘편복불참(蝙蝠不參)’이라는 고사성어가 있다. 편복은 박쥐를 의미하는 한자로, 박쥐의 구실 혹은 박쥐가 참석하지 않았다는 뜻이다. 날짐승들이 모인 봉황의 잔치에 박쥐는 들짐승이라는 이유로 가지 않았으며, 들짐승인 기린의 잔치에는 날짐승이라는 이유로 참석하지 않았다는 이야기에서 나온 말이다. 자신의 이익과 편의에 따라 이리 붙었다 저리 붙었다 하는 기회주의적인 행동을 박쥐에 비유한 것이다.

박쥐가 이렇게 기회주의자로 묘사되는 이유는 그 생김새에서 연유하는 것 같다. 날아다니는 모습을 보면 날짐승 같지만, 다른 한편으로는 쥐와 같은 들짐승으로 보이기 때문이다. 사전을 찾아보니 박쥐는 조류나 설치류와는 전혀 다른 동물이며, 새처럼 날아다니는 유일한 포유류라고 되어있다. 영화 ‘배트맨’에서는 박쥐가 정의의 사도로 등장하는데, 여기서는 자신의 이익만을 위해 줏대 없이 행동하는 모습으로 묘사되고 있으니 박쥐 입장에서는 억울할 만도 하다. 박쥐구실과 비슷한 이야기를 이솝 우화「숨어 사는 박쥐」에서 만날 수 있다.

* * *

아주 오랜 옛날 새들과 짐승들이 서로 맞붙어 크게 싸움을 벌인 일이 있었다. 짐승들은 힘이 센 호랑이와 사자를 앞세워 새들을 공격했으며, 새들 역시 독수리와 매를 앞세워 짐승들에게 맞섰다. 서로 공격하는 양상도 매우 달랐다. 새들은 돌을 입에 물고 하늘을 날다가 짐승들에게 던졌으며, 짐승들은 활을 만들어 날아다니는 새들에게 쏘았다.

이들의 싸움은 서로 팽팽하게 진행되었기 때문에 쉽게 승부가 나지 않았다. 박쥐는 어느 편에도 붙지 않고 이들의 싸움을 멀리서 구경만 하고 있었다. 어느 편이 이길지 몰랐기 때문이다.

"이번에는 짐승이 이길 것 같아."

"아니야, 새들이 이길 거야."

박쥐들은 모여서 의논한 끝에 이기는 편에 붙기로 하였다. 박쥐는 몸이나 우는 소리가 쥐와 닮았지만, 날개가 있어서 새처럼 날 수도 있었기 때문에 어느 쪽으로도 붙을 수 있었던 것이다. 한참 구경을 하던 박쥐들은 하늘을 나는 새들이 이길 것 같아서 얼른 그들에게 날아갔다.

"얘들아, 우리들은 새야. 이렇게 날개가 있잖아?"

날짐승 편에 선 박쥐들은 잔돌들을 주워서 짐승들에게 마구 던졌다. 그러나 얼마 지나지 않아 전세가 역전되었다. 새들이 짐승들에게 쫓겨 달아난 것이다. 아무래도 이번에는 짐승들이 새들을 이길 것만 같았다. 그래서 박쥐들은 짐승 편으로 옮겨갔다.

"얘들아, 우리는 짐승이야. 쥐와 똑같이 생겼잖아?"

지난번과 달리 박쥐들은 짐승 편에 서서 새들에게 돌을 던졌다. 이처럼 박쥐는 이리 갔다 저리 갔다 하면서 이길 것 같은 쪽에 붙어서 싸웠다. 그런데 새들과 짐승들의 싸움은 좀처럼 승부가 나지 않았다. 싸움이 길어지면서 양쪽은 모두 지치기도 하고 싫증도 났다. 그래서 서로 협정을 맺고 싸움을 멈추기로 하였다. 하늘과 숲에 평화가 찾아온 것이다.

하지만 박쥐들의 마음은 편하지 않았다. 어느 편으로 놀러가야 할지 몰랐기 때문이다. 모여서 의논한 끝에 박쥐들은 짐승들이 즐겁게 노는 곳으로 갔다. 그러나 짐승들은 박쥐를 상대하지 않았다.

"야, 너희는 새잖아. 새들한테 가서 놀아."

박쥐들은 하는 수 없이 새들이 놀고 있는 곳으로 날아갔다. 그러나 새들도 받아주지 않았다.

"너희들은 짐승이니까 그쪽에 가서 놀아."

새와 짐승들은 모두 박쥐들을 외면했다. 새도 짐승도 아닌 박쥐들은 갈 곳이 없었다. 그래서 새와 짐승들이 노는 낮에는 동굴에 숨어있을 수밖에 없었다. 그러다가 새나 짐승들이 모두 자기 집으로 돌아간 저녁이 되어서야 밖에 나와서 놀았다. 줏대 없는 행동으로 인해서 그들은 외롭고 쓸쓸한 처지가 된 것이다.

시비가 이해보다 우선한다

어린 시절 이 이야기를 재미있게 읽었던 기억이 있다. 그때는 가볍게 웃으면서 넘어갔는데, 그리 쉽게 생각할 일은 아닌 것 같다. 인간의 실존에 관한 문제이기 때문이다. 우리는 이해(利害)와 시비(是非)가 충돌하는 세계에 살고 있다. 이 둘이 서로 일치하면 좋겠지만, 우리 삶이 어찌 그럴 수 있겠는가.

나에게 이익이 되는 일이 옳다면 무조건 하면 된다. 나에게 손해가 되는 일이 그르다면 이 역시 안 하면 된다. 이는 매우 쉬운 일이다. 그러나 옳은 일인데 손해가 되거나, 그른 일인데 이익이 된다면 상황은 완전히 달라진다. 인간은 박쥐가 아니기에 이러한 상황에서 고민하는 것이다. 물론 옳고 그름에 관계없이 이익이 되는 일에만 몰두하는 박쥐 같은 인간도 있지만 말이다.

TV에서 방영하는 사극을 보면 '소인배'라는 말에 민감하게 반응하는 선비들의 모습이 가끔 나온다. 그들에게 이 말은 가장 심한 욕이기 때문이다. 전통적으로 군자(君子)와 소인(小人)을 구분하는 기준이 있다. 시비와 이해가 바로 그것이다. 소인은 자신에게 이익이 되는 일은 하고 손해가 되는 일은 하지 않는 인물이다. 반대로 군자는 옳은 일은 하고 그른 일은 하지 않는 사람을 가리킨다. 선비들이 소인배라는 말을 들으면 민감하게 반응하는 이유도 바로 여기에 있다.

그런데 군자보다 더 높게 평가하는 '인자(仁者)'라는 인간상이 있다. 인자는 그것이 옳은 일이라면 어떤 상황에서도 포기하지 않고 끝까지 해내는 인물을 가리킨다. 비록 목숨을 내놓는 한이 있더라도 옳은 일은 끝까지 밀고 가는 힘이 인자에게는 있다. 그 에너지가 바로 용기다. 인자는 곧 용기 있는 군자인 것이다. 죽음 앞에서도 옳은 일이라면 끝까지 포기하지 않는 사람에게 감히 대적할 수는 없는 법이다. 인자무적(仁者無敵)이란 바로 이를 두고 하는 말이다.

살다 보면 어느 길이 옳은지 판단하기 어려운 문제들이 있다. 각자가 처한 상황이나 입장, 문화 등이 다르기 때문이다. 그러나 무엇이 옳고 그른지 누구나 판단하기 쉬운 일들에 대해서는 시비가 이해보다 우선해야 한다. 헌법적 가치로 정해진 인간의 기본권이나 사람이라면 지켜야 할 윤리 문제들이 그런 경우라 할 것이다.

사람은 피부나 국적, 성별에 관계없이 모두가 평등하기에 차별받아서는 안 된다는 것은 옳다. 나에게 이익이 된다고 해서 이를 어기는 것은 사람다운 행동이 아니다. 인권이나 자유, 민주주의 등의 가치는 모든 인류가 보편적으로 지향하는 소중한 것들이다. 이러한 보편적 가치들은 개인이나 특정 집단의 이해관계에 따라 이리저리 휘둘려서는 안 된다.

이뿐만 아니라 사람이라면 지켜야 할 윤리적 가치들도 있다. '~해야 한다.'거나 혹은 '~해서는 안 된다.'는 당위(當爲)의 문제들이 이에 속한다. 예를 들어 어떠한 이유가 있더라도 사람을 해쳐서는 안 된다. 나에게 이익이 된다고 해서 사람을 해치는 일은 윤리적으로 그른 행위다. 종교에서 계율이라는 이름으로 이러한 가치를 지키려고 노력하는 이유도 그것이 사람답게 사는 길이기 때문이다.

그럼에도 불구하고 이러한 사유(思惟)가 자본을 우선으로 하는 오늘날 많이 무너지고 있다. 이익이 되는 일이라면 그것이 사람의 생명을 위협한다 하더라도 아무런 거리낌 없이 행해지고 있는 현실이다. 20여 년 전 삼풍백화점과 성수대교 붕괴는 생명보다 이익을 우선시했던 천박한 자본주의의 단면을 그대로 보여준 사고였다. 몇 해 전 봄에 일어난 세월호 참사도 이해가 시비보다 우선한 결과에 다름 아니었다. 그래서 봄이 되면 사람들이 많이 아픈지도 모르겠다.

역사는 시비가 이해보다 우선한다고 믿은 사람들에 의해 발전해왔다. 서슬 퍼런 일제의 총칼 앞에서도 독립운동을 했던 분들이 있다. 독재의 폭력 앞에서도 민주화를 위해 자신을 내던진 분들도 있다. 그들은 모두 자신에게 엄청난 손해가 될 것임을 알면서도 그것이 옳기 때문에 행동으로 옮겼던 인자들이다. 그런 인문 정신이 오늘날 천박한 자본과 박쥐 마인드 앞에 무너지고 있다.

봄바람에 흩날리는 벚꽃을 마음껏 즐겨도 미안한 마음이 들지 않는 그런 봄날이었으면 좋겠다. 그러기 위해서는 우리 사회에 만연한 '박쥐 구실'이 청산되어야 한다. 아무리 돈과 물질, 명예와 권력이 좋다고 해도 이해가 시비보다 우선할 수는 없는 법이다.

인권이나 자유, 민주주의 등의 가치는
모든 인류가 보편적으로 지향하는 소중한 것들이다.
이러한 보편적 가치들이
개인이나 특정 집단의 이해관계에 따라 휘둘려서는 안 된다.

양치기 소년

(거짓말)

하얀 거짓말

약속은 했는데 정말로 가기 싫은 자리가 있다. 그럴 때면 급한 원고를 핑계 대거나, 흔한 일은 아니지만 친구의 부모님이 돌아가셔서 문상을 가야 한다고 거짓말을 한다. 이 정도의 거짓말이 상대에게 손해를 끼치는 일은 아니지만 마음이 편한 것도 아니다. 거짓말은 거짓말이기 때문이다.

'하얀 거짓말(white lie)'이라는 용어도 있다. 흔히 선의의 거짓말이라고 하는데, 상대방의 기분이나 체면을 살려주기 위해서 하는 가벼운 거짓말이다. 예컨대 어머니가 해주신 음식이 맛이 없는데도 정성을 생각해서 맛있다고 하는 경우가 이에 속한다. 마음에는 없지만 상대에게 예쁘다고 말하거나, 노래를 정말 잘한다고 칭찬하는 것도 좋은 뜻으로 하는 거짓말이다.

이러한 가벼운 거짓말이 상대에 대한 배려에서 나온 것임을 부인할 수는 없다. 그렇다고 해도 거짓말은 거짓말이다. 그렇다면 거짓말은 과연 정당화될 수 있을까? 어떤 거짓말은 해도 되고, 어떤 거짓말은 해서는 안 되는 것일까? 이번 동화의 화두다. 이를 위해 선택한 동화는 어린 시절 너무나도 많이 들었던 이솝 우화 「양치기 소년」이다.

오랜 옛날 어느 마을에 양치기 소년이 살고 있었다. 어느 날 소년은 들판에서 양 떼를 돌보고 있었는데, 너무 심심해서 견딜 수가 없었다. 이 무료함을 어떻게 달랠까 고민하던 끝에 소년은 마을 사람들을 향해 이렇게 외쳤다.

"늑대다! 늑대가 나타났다!"

이 소리를 들은 마을 사람들은 하던 일을 멈추고 몽둥이와 곡괭이를 손에 들고서 양치기를 향해 달려왔다. 그러나 아무리 주위를 둘러봐도 늑대는 보이지 않았다. 소년은 '헤헤헤' 웃으면서 너무 심심해서 장난 한번 쳐본 거라고 말했다. 소년의 거짓말에 사람들은 화를 내면서 마을로 돌아갔다.

마을 사람들의 놀란 모습에 재미를 느낀 소년은 며칠 후에 똑같은 장난을 쳤다. 이번에도 마을 사람들은 진짜 늑대가 나타난 줄 알고 양치기에게 달려왔다. 양치기 소년은 놀란 표정을 하고 있는 사람들을 향해 웃으면서 말했다.

"거짓말인데, 거짓말인데."

또다시 거짓말에 속았다는 것을 알게 된 사람들은 소년을 향해 크게 화를 냈다. 그러면서 다시는 속지 않겠다고 다짐을 하면서 마을로 돌아갔다. 그래도 여전히 양치기는 즐거웠다.

그러던 어느 날 양 떼를 돌보고 있는 소년 앞에 진짜로 늑대가 나타났다. 소년은 너무 놀라서 사람들을 향해 큰 소리로 외쳤다.

"진짜 늑대다. 정말로 늑대가 나타났다!"

소년은 이렇게 소리쳤지만, 사람들은 꿈쩍도 하질 않았다. 이
번에도 소년이 거짓말을 한다고 생각했기 때문이다. 그 사이 늑
대는 양들을 몽땅 잡아먹고 말았다. 양치기는 엉엉 울었지만
아무런 소용이 없었다.

거짓말은 정당화될 수 있을까?

다시 읽어봐도 「양치기 소년」 이야기는 재미있다. 그런데 철부지 소년
의 장난기 어린 거짓말 치고는 그 대가가 너무 크다는 생각이다. 언젠가
이런 취지의 글을 읽은 적이 있다. 거짓말을 자주 하는 사람이 받게 될
가장 큰 벌은 정작 진실을 말할 때 사람들이 믿어주지 않는다는 내용이
었다. 이 말이 양치기 소년에게는 정말로 딱 들어맞는다.

사람들은 여러 이유로 거짓말을 하면서 살아간다. 다른 사람에게 멋
지게 보이고 싶을 때도 거짓말을 하며, 부모님이나 선생님께 혼날까 봐
거짓말을 하기도 한다. 심지어 생각이 잘 나지 않을 때도 우리는 거짓말
을 한다. 비록 동화 속 이야기지만 양치기 소년처럼 그저 심심해서, 재
미 삼아 거짓말을 하기도 한다.

초등학교 시절 어머니가 돌아가셨다는 나의 비밀을 알게 된 한 친구

가 "너 엄마 없지?" 하고 물었을 때, 나는 "아니야. 나 엄마 있어."라고 거짓말을 했다. 그리고 그 친구와 주먹다짐을 하면서 싸우기도 하였다. 어머니가 일찍 돌아가셨다는 사실이 나의 잘못도 아닌데, 나는 왜 거짓말을 했을까? 지금 생각해보면, 당시 어머니가 없다는 사실이 내겐 커다란 콤플렉스였던 것 같다.

이처럼 우리는 이런저런 이유로 거짓말을 하면서 살아간다. 그렇다면 과연 거짓말은 정당화될 수 있을까? 이 질문에 일치된 답은 없다. 공리주의에 따르면, 어떤 행위도 그 자체로 옳거나 그를 수 없다. 오직 그것이 가져다주는 결과가 좋으면 옳은 행위가 되며, 나쁜 결과를 가져오면 그른 행위가 된다. 어떤 거짓말이 공공의 이익을 낳는다면 그 거짓말이 정당화될 수 있다는 이야기다.

드라마에 자주 등장하는 것처럼, 아버지가 암에 걸리면 자식들은 가벼운 병이니 걱정하지 말라고 거짓말을 한다. 아버지가 암이라는 사실을 알게 되면 상심이 클 것이라 생각하기 때문이다. 암이라는 사실을 아는 것보다 모르는 것이 훨씬 이로운 결과를 가져올 것이기 때문에 그 거짓말은 옳은 행위가 된다는 것이다.

그런데 거짓말이 좋은 결과를 가져온다고 그리 쉽게 단정할 수 있을까? 자신이 암에 걸렸다는 사실을 모른 채 죽음을 맞이하는 것이 좋은 결과라고 할 수는 없다. 오히려 그 사실을 알게 되면, 삶의 마지막을 차분하게 준비할 수도 있기 때문이다. 거짓말보다 사실을 말하는 편이 더 좋은 결과를 낳을 수 있다는 말이다. 이렇게 되면 분명하지 않은 결과를 가정해서 거짓말을 하는 것은 정당화하기 힘들다는 결론이 나온다.

이처럼 어떤 행위가 좋은 결과를 가져올지 나쁜 결과를 가져올지 미리 판단하기는 어렵다. 그래서 철학자 칸트는 어떤 행위의 옳고 그름을 결과에 따라 판단해서는 안 된다고 주장하였다. 그에 따르면 옳고 그름을 판단할 수 있는 유일한 기준은 오직 선의지(善意志)일 뿐이다. 즉 선한 행위를 하고자 하는 마음가짐이 모든 가치 판단의 기준이라는 뜻이다.

그렇다면 암에 걸린 아버지에게 거짓말을 한 것은 아버지의 마음을 편하게 해드리려는 선한 의지에서 나온 것이 아니냐고 반론을 제기할 수 있다. 칸트의 대답은 이렇다. 문제의 핵심은 '아버지를 편하게 해드리는 것이 선한 행위인가 아닌가?'가 아니라, '아버지를 편하게 해드리려고 거짓말을 하는 것이 옳은 행위인가 아닌가?'에 있다는 것이다. 앞서 언급한 것처럼 거짓말이 아버지를 편하게 해드린다는 보장도 할 수 없다.

아버지를 편하게 해드리는 것이 목적이라면, 거짓말을 하는 것은 수단이 된다. 칸트는 어떤 행위가 아무리 선하다고 해도 그것이 목적을 위한 수단이 되는 순간 결코 도덕적 가치를 갖지 못한다고 하였다. 즉 어떤 행위가 그 자체로 선하다고 생각하면 올바른 행위가 되며, 반대로 나쁘다고 생각하면 나쁜 행위가 되는 것이다. 거짓말은 그 자체로 나쁜 행위이기 때문에 결과에 상관없이 결코 해서는 안 된다는 것이다. 이것이 그 유명한 '정언명령(定言命令)'이다. '좋은 결과를 원한다면 ~해야 한다.'와 같이 조건이 붙은 '가언명령(假言命令)'이 아니라, '그 자체로 옳으면 무조건 해야 한다.'는 뜻이다.

지금까지 살펴본 것처럼 거짓말을 정당화하기는 결코 쉽지 않다. 이는 현실에서도 그대로 적용된다. 요즘처럼 온갖 거짓말과 가짜 뉴스들이 난무한 때도 없었던 것 같다. 가짜 뉴스는 그 자체로도 옳지 않으며, 어떤 목적을 이루기 위한 수단으로도 정당하지 못하다. 그들의 거짓말은 그저 나쁜 거짓말일 뿐이다.

　우리는 양치기 소년의 거짓말이 가져온 파국을 기억해야 한다. 정작 진실을 말할 때 사람들이 믿지 않을지도 모르기 때문이다. 나도 사소한 거짓말을 줄여야 할 것 같다. 양치기 소년처럼 습관이 되면 안 되니까.

옳고 그름을 판단할 수 있는 유일한 기준은
오직 선의지뿐이다.
선한 행위를 하고자 하는 마음가짐이
모든 가치 판단의 기준이다.

양일까요, 개일까요?

(본다는 것)

철학자와 함께 읽는 동화

개로 보이는 양

　내 눈에는 분명 양으로 보이는데, 다른 사람이 개라고 말한다면 어떨까? 처음에는 그저 농담이려니 하고 지나갈 것이다. 그런데 또 다른 사람이 개라고 말하면, 혹여 내 눈이 잘못된 것은 아닌지 의심하게 된다. 그리고 나를 제외한 많은 사람이 개라고 말하면, 스스로 개를 양으로 잘못 보았다고 확신하기에 이른다. 실제로 내가 본 것이 틀림없는 양이라 하더라도, 내 마음속에는 양이 아닌 개로 인식되는 것이다.

　우리의 마음은 같은 대상인데도 불구하고 자신의 경험이나 주위의 환경에 따라 다르게 보기도 한다. 오감(五感)을 통해 받아들인 정보를 우리의 뇌가 상황에 맞게 편집하고 해석하는 과정에서 착각을 일으키는 것이다. 여기 양을 개로 착각한 어느 수도사의 흥미로운 이야기가 있다. 바로 김민서 작가의 창작 동화 『양일까요, 개일까요?』다.

* * *

　가난하지만 평화로운 마을에 자신만이 신과 통하는 거룩한 사람이라고 여기는 한 수도사가 살고 있었다. 어느 날 수도사는 신도의 집에서 맛있는 음식을 대접받고 '신의 보살핌이 함께 하기를' 축복해주었다. 그러자 신도는 수도사에게 양 한 마리를 선물로 주었다. 기름진 양고기를 먹고 포근한 양털 외투를 입고 다닐 생각에 수도사는 기분이 매우 좋았다.

신이 난 수도사는 양을 어깨에 짊어지고 수도원을 향해 발걸음을 옮겼다. 가는 도중 굶주림에 지친 사람들을 만났지만, 수도사는 모른 척하고 지나갔다.

'이 양은 나 혼자 먹으라고 준 거야. 암, 그렇고 말고.'

수도사는 이렇게 생각하면서 굶주린 사람들을 외면하며 묵묵히 걸어갔다. 사람들은 그런 수도사가 야속했다. 양 한 마리면 온 동네 사람들이 나눠 먹을 수 있을 텐데, 혼자 욕심을 부리는 수도사에게 서운했던 것이다.

그때 조그만 사내아이가 눈을 깜박거리며 저 양을 잡아 사람들과 나눠 먹자고 말했다. 사람들은 양을 빼앗을 수도 없고 조금 나눠달라고 해봤자 들은 체도 하지 않을 텐데 무슨 방법으로 나눠 먹을 수 있느냐고 물었다. 아이는 자신이 하자는 대로 해보라며 사람들에게 각자 할 일을 가르쳐주었고 사람들은 활짝 웃으면서 흩어졌다. 과연 이들은 무슨 일을 꾸민 것일까?

수도사가 무거운 양을 어깨에 메고 교회 앞을 지나갈 무렵 턱수염이 기다란 할아버지가 뚜벅뚜벅 다가와 말을 걸었다.

"수도사님, 그 개를 메고 어디를 가십니까?"

수도사는 걸음을 멈추고 할아버지를 바라보았다.

"개가 어디 있다고 그런 말을 하시오? 혹시 노망했소?"

수도사는 어이없다는 표정을 지으며 계속 길을 갔다. 몇 걸음 더 가자 지팡이를 짚고 있는 할머니가 다가왔다.

"거룩하신 수도사님께서 웬 개를 메고 다니십니까?"

"개라니요? 너무 늙어서 눈까지 멀었구려. 양하고 개도 구분 못 하시오?"

그때 한 젊은이가 호들갑스럽게 달려오며 소리쳤다.

"수도사님, 그 개는 어디에 쓰려고 메고 가십니까?"

그러자 수도사는 화를 벌컥 내며 말했다.

"아니, 이게 어떻게 개란 말인가!"

"그럼 개가 아니고 뭐란 말입니까?"

늙은 수도사는 사람들이 왜 양을 보고 자꾸 개라고 하는지 조금 이상한 생각이 들었다. 혹시 자신의 눈이 잘못된 것은 아닌지, 양의 탈을 쓴 개를 자신만 몰라보는 것은 아닌지 의심이 들었다. 그래서 이리저리 살펴보았지만 수도사의 눈에는 여전히 양으로 보였다. 그때 조그만 사내아이가 맞은편에서 걸어오고 있었다. 아이들은 거짓말을 못 하니 보이는 대로 말할 거라는 생각에 수도사는 이것이 무엇이냐고 물었다.

"수도사님이 별걸 다 물으시네요. 개잖아요, 개! 그런데 왜 그 지저분한 개를 메고 가시는 거예요? 설마 수도원에서 잡아먹으려는 건 아니겠죠?"

수도사는 둘러멨던 양을 더럽고 징그러운 것인 양 뿌리치듯 얼른 내려놓고 다시 바라보았다. 그러자 얌전히 다물려있던 양의 입이 떡 벌어지고 날카로운 이빨 사이에서 붉은 혀가 날름거렸다. 어느새 두 귀도 위로 번쩍 솟아오르고, 털 속에 감추어져 있던 꼬리도 길게 뻗쳐 올라왔다.

"이럴 수가! 신이시여, 용서하소서. 혼자 양을 차지하고 싶은 마음에 눈이 멀어 하마터면 개를 잡아먹을 뻔했습니다."

수도사는 뒤도 돌아보지 않고 저 멀리 달아났다. 사내아이는 크게 웃으면서 양을 어깨에 메고 돌아와 사람들과 함께 양을 잡아 동네잔치를 벌였다.

있는 그대로 보기

이 동화는 종교가 정치, 경제, 문화 등 모든 영역을 지배하던 서구 중세 시대에 위선과 왜곡된 신앙으로 점철된 성직자들의 탐욕을 꼬집고 있는 이야기다. 양을 개로 착각한 수도사의 이야기는 더욱더 흥미롭게 다가온다. 우리가 '본다는 것'은 무엇일까를 생각하도록 안내하기 때문이다. 진정 우리는 눈앞에 펼쳐진 세계를 제대로 보고 있는 것일까?

오늘날 철학과 심리학, 뇌과학 등 여러 분야에서 마음의 비밀을 밝히기 위해 다방면으로 연구가 이뤄지고 있다. 주목되는 것은 우리의 뇌가 많은 착각을 일으킨다는 사실이다. 눈과 귀, 코, 입, 몸 등 오감을 통해 받아들인 대상을 우리의 뇌가 일정하게 인식하는 것이 아니라, 각자의 경험이나 주위 환경에 따라 서로 다르게 해석하고 때로는 혼동을 일으킨다는 것이다. 수도사가 분명 양인데도 불구하고 개로 착각하는 것처럼 말이다.

우리는 여러 사물을 제대로 본다고 생각하지만, 사실은 뇌에 저장된 정보를 통해서 대상을 해석하고 있다. 만약 어느 방송국에서 아프리카 오지의 아름다운 풍경을 담기 위해 촬영용 드론을 하늘로 띄웠다고 해보자. 이를 본 원주민은 드론을 이상하게 생긴 새로 인식할 것이다. 그의 뇌에 드론에 대한 정보가 없기 때문이다. 대신 날개가 있고 하늘을 나는 것은 새라는 정보가 뇌에 저장되어 있어서 그의 눈에는 드론이 새로 보이는 것이다.

이처럼 우리는 뇌에 축적된 정보를 통해서 사물을 인식한다. 그렇기 때문에 사물에 대한 왜곡이나 선입견, 편견 등은 살면서 피하기 힘들다. 예컨대 거실에서 강아지가 오줌을 쌌다고 해보자. 집주인이 아무리 깨끗이 닦았다 하더라도 손님의 눈에는 강아지가 오줌을 싼 자리라는 생각이 남아있어서 그곳이 더럽다고 느낄 것이다.

'우리는 있지 않은 것을 보고, 정작 있는 것을 보지 않는다.'라는 말이 있다. 수도사는 있지 않은 개는 보았지만, 정작 눈앞에 있는 양은 보지 못했다. 어쩌면 수도사가 진짜로 보지 못한 것은 굶주린 백성들의 아픔일지도 모를 일이다. 손님은 있지 않은 더러움은 보았지만, 정작 깨끗이 닦아낸 바닥은 보지 못했다. 그것이 뇌의 착각이든 마음의 왜곡이든 분명한 것은 우리의 삶이 이러한 과정 속에 있다는 사실이다.

세월호 참사 유가족들을 왜곡된 눈으로 보았던 사람들 역시 마찬가지다. 잘못된 정보가 우리의 뇌에 반복적으로 저장되면, 우리는 그것이 사실이라고 믿기 마련이다. 그들은 있지도 않은 세월호 참사 유가족들의 보상금 욕심은 보고, 정작 그들이 품고 있는 아픔과 참사의 진실은 보지 못했다. 희생된 자들이 나의 가족이라고 생각한다면, 차마 입에 담을 수 없는 말들이다. 콤플렉스로 점철된 뇌의 착각이 그들의 아픔에 소금을 끼얹는 악행을 저지른 것이다.

빨간 안경을 끼고 세계를 바라보면 빨갛게 보이고, 파란 안경을 끼면 세계가 파랗게 보인다. 파랗거나 빨갛게 보인다고 해서 대상이 빨갛거나 파란 것이 아니다. 파랗거나 빨간 안경이 무엇이겠는가? 바로 우리 안에 자리한 편견과 선입견이다. 이를 통해 세계를 보면 그저 보고 싶은 대로만 볼 뿐이다. 세계를 있는 그대로 보기 위해서는 색깔로 점철된 마음의 안경을 벗고 내 안에 있는 편견을 돌이켜보아야 한다. 그럴 때 비로소 구름에 가려진 마음의 보름달이 밝게 드러나 온 세계를 환히 비출 것이다.

동화 『날 지켜줘, 그림자야』에서 잠시 언급한 것처럼, 국가인권위원회는 '살색'이라는 단어를 사용하지 말 것을 권고했다. 특정 색을 '살색'으로 명명하는 것은 평등권을 침해하기 때문이라는 판단이다. '살색'이라는 차별적 언어로 인해 상처받은 사람들을 생각하면, 정말이지 반가운 소식이라 할 것이다. 우리의 피부처럼 살구색만이 살색이 아니라, 인종에 따라 흰색이나 검은색도 살색이다. 이것이 있는 그대로 보는 것이다.

이를 위해 편견과 선입견이라는 먹구름을 걷어내는 일이 무엇보다도 중요하다. '본다는 것'에 대한 성찰이 그 어느 때보다 필요하다고 느껴지는 요즘이다.

솔로몬의 판결

(논리)

자신의 판단으로 한 사람의 운명을 결정해야 하는 직업이 있다. 판사는 그런 일을 수행하는 사람이다. 따라서 그들의 판결은 매우 신중해야 한다. 잘못된 판단으로 한 사람의 운명을 망칠 수도 있고, 반대로 죄를 저지른 사람에게 면죄부를 줄 수도 있기 때문이다. 그런 점에서 보면 판사만큼 괴롭고 힘든 직업도 없는 것 같다.

대부분의 나라에서는 3심 제도를 채택하고 있다. 한 사건에 대하여 지방법원과 고등법원, 대법원에서 세 번의 심판을 받을 수 있도록 제도화한 것이다. 이는 재판을 담당하는 법원 스스로 잘못된 판결을 할 수도 있다는 것을 전제하고 있다. 그러므로 법원 입장에서 보면 3심 제도는 잘못된 판결을 바로잡을 기회가 되기도 한다.

유대인들의 지혜 창고라 불리는『탈무드』에는 판사 역할을 하는 솔로몬 왕의 이야기가 나온다. 한 아이를 두고서 두 여인이 서로 자신의 자식이라고 주장하는 상황에서 과연 왕은 어떤 판결을 내렸고 그 판결의 근거는 정당했을까? 내용을 요약해보았다.

* * *

오랜 옛날 이스라엘에는 솔로몬이라는 지혜로운 왕이 살고 있었다. 당시는 왕이 정치와 경제는 물론 사법까지도 주관하던 시대였다. 어느 날 두 여인이 한 아이를 데리고 왕을 찾아와 서로가 자신의 아이라고 주장하였다. 그리고 현명한 왕께서 누가 아이의 진짜 어머니인지 판결해달라고 하였다.

사정은 이랬다. 어느 마을에서 두 여인이 비슷한 시기에 아이를 낳았다. 그런데 한 여인이 자신의 아이가 죽자 다른 여인의 아이와 바꿔놓고 자신의 아이라고 우긴다는 것이었다. 두 여인은 서로 상대가 거짓말을 한다고 말하면서, 자신이 진짜 살아있는 아이의 엄마라고 주장하였다.

왕은 먼저 신하들에게 아이가 누구를 닮았는지 살펴보라고 하였다. 신하들이 두 여인과 아이의 얼굴을 번갈아 가면서 자세히 살펴보았지만, 아이가 너무 어린 탓에 누구를 닮았는지 정확히 판단할 수가 없었다. 왕은 깊은 생각에 잠겼다. 쉽게 결정할 수 없었기 때문이다. 고민을 마친 왕은 마침내 입을 열었다.

"두 여인 모두 자신의 아이라고 주장하니 어쩔 수가 없구나. 큰 칼로 아이를 잘라 반반씩 나누어 주도록 명하노라."

그러자 한 여인이 울면서 말했다.

"임금님, 아이를 저 여인에게 주십시오. 칼로 아이를 자르면 곧바로 죽게 될 텐데, 어찌 그런 모습을 볼 수 있겠습니까?"

그러나 다른 여인은 왕의 말대로 공평하게 아이를 반으로 나누자고 하였다. 이에 왕은 울면서 아이를 포기한 여인이 진짜 어머니라고 하면서 아이를 돌려주었다. 여인은 기쁨의 눈물을 흘리면서 임금에게 고마움의 인사를 올렸다. 그리고 다른 여인에게는 큰 벌을 내렸다. 이 소식을 듣게 된 백성들은 너나없이 솔로몬 왕의 지혜를 칭송하면서 이렇게 외쳤다.

"솔로몬 왕 만세! 솔로몬 왕 만세!"

논리의 힘

「솔로몬의 판결」은 이스라엘의 세 번째 임금인 솔로몬에 관한 이야기다. 그는 다윗 왕의 아들로 이스라엘의 전성기를 이끈 인물로 평가되고 있다. 어린 시절 이 이야기를 읽으면서 어쩜 이렇게 지혜로운 판결을 내릴 수 있을까 감탄한 적이 있다. 이는 아이를 향한 어머니의 마음을 읽지 못하면 내릴 수 없는 판결이다. 솔로몬이 지혜의 상징으로 통하는 이유가 있었던 셈이다.

오랜 세월이 흘러 다시 읽은 솔로몬의 이야기에서 나는 왕이 내린 판결 근저에 흐르고 있는 논리의 힘을 느낄 수 있었다. 이는 논리적 사유가 없다면 내릴 수 없는 판결이기 때문이다. 그렇다면 논리적으로 사유한다는 것은 무엇을 의미하는 것일까? 이를 알기 위해 학창시절 배웠던 유명한 삼단 논법을 떠올려보자.

대전제 : 모든 사람은 죽는다.

소전제 : 이일야는 사람이다.
결   론 : 이일야는 죽는다.

　이처럼 전제와 결론으로 이루어진 체계를 논증(argument)이라고 한다. 그리고 전제가 결론을 강력하게 뒷받침할 때 이 논증은 타당하다(valid)고 하며, 반대로 전제가 결론을 뒷받침하지 못하면 부당한(invalid) 논증이 된다. 타당한 논증은 전제가 옳으면 결론 역시 옳을 수밖에 없다. 위 논증은 '모든 사람은 죽는다. 이일야는 사람이다.'라는 전제가 옳기에 '이일야가 죽는다.'는 결론은 옳을 수밖에 없는 타당한 논증이다. 논리적 사유란 어떤 결론이나 주장을 이끌어내는 과정이 매우 정합적일 때 쓰는 말이다.

　그런데 우리가 '논리적 사유'라고 말할 때 주목할 것이 있다. 그것은 바로 '논리'와 '사유'는 움직이는 방향이 서로 반대라는 사실이다. 즉 전제를 통해 결론을 이끌어내는 것이 논리라면, 어떤 결론을 내리고 이를 뒷받침하기 위해서 그 이유나 전제를 찾는 과정이 사유라는 것이다. 위의 논증에서 '이일야가 죽는다.'는 결론에 대해 아무런 문제 제기를 하지 않는다면 우리의 사유는 결코 작동하지 않는다. 누군가 왜 이일야가 죽느냐고 물음을 던질 때 비로소 우리는 생각을 하기 시작한다. 그래서 모든 인간은 죽고 이일야는 인간이기 때문이라는 사유의 과정이 진행되고, 이러한 과정을 통해 이일야는 죽는다는 결론에 도달한다. 이처럼 어떤 주장을 하고 그것을 강력하게 뒷받침하기 위한 이유를 찾는 능력이 바로 이성이다. 영어로 이유라는 의미의 'reason'이 이성으로 번역되는 이유도 여기에 있다.

여기에서 우리가 확인할 수 있는 것은 자신만의 주장이나 결론을 내릴 수 없다면, 그것을 정당화하기 위한 논리적 사유는 결코 일어나지 않는다는 사실이다. 「솔로몬의 판결」에서 왕은 아이를 포기한 여인이 진짜 어머니라는 결론을 내렸고, 이를 뒷받침할 수 있는 이유를 논리적으로 제시하였다. 그저 기계적인 추론이 아니라 두 여인의 태도를 예리한 통찰력으로 관찰하고 내린 결론이다. 솔로몬 왕의 논증 과정을 정리하면 이렇게 될 것이다.

대 전 제 : 모든 어머니는 자신의 아이가 죽는 것을 원치 않는다.
소전제1 : 아이를 반으로 가르면 죽는다.
소전제2 : 한 여인은 아이를 포기했고, 다른 여인은 반으로 나누자고
　　　　하였다.
결　　론 : 아이를 포기한 여인이 진짜 어머니다.

「솔로몬의 판결」이 아름다운 것은 논리적 사유가 작동했기 때문이다. 만약에 솔로몬 왕이 여인의 자백을 이끌어내기 위해 폭력이나 강요, 고문 등을 활용했다면, 이 이야기는 오늘날까지 전해지지 않았을 것이다. 논리적 사유가 작동하지 않는 사회는 결코 건강하지 않다. 그 대신에 온갖 폭력이나 고집, 편견 등이 난무할 것이기 때문이다. 우리 시대의

아픔으로 남아있는 독재 권력의 역사는 이를 잘 보여주고 있다.

논리가 힘을 갖는 것은 평화적인 방법으로 상대를 설득할 수 있기 때문이다. 논리적 사유가 반드시 상대를 제압하기 위해서 사용되는 것은 아니다. 아무리 송곳 같은 예리한 추론으로 상대를 압도한다고 해도 설득되지 않는 경우가 많다. 분명 논리적으로는 옳은데 마음이 움직이지 않는 것이다. 왜 그럴까? 추론의 과정이 평화적이지 않기 때문이다. 이는 곧 상대의 마음을 읽는 감수성이 부족하다는 의미이기도 하다. 감수성이 결여된 논리는 강요와 다를 바 없다. 자식에게 공부의 중요성을 논리적으로 강요하는 오늘날 부모들의 모습이 그렇다.

논리는 상대를 이기기 위한 방법이 아니라 설득을 위한 도구라는 사실을 잊어서는 안 된다. 논리는 평화롭고 아름다운 설득이다.

논리는 상대를 이기기 위한 방법이 아니라
설득을 위한 도구라는 사실을 잊어서는 안 된다.
논리는 평화롭고 아름다운 설득이다.

호랑이와 곶감

(앎과 믿음)

철학자와 함께 읽는 동화

믿는 것과 아는 것

내가 믿는 것이 정말 아는 것일까? 우리는 자신이 믿고 있는 것이 사실이라고 생각하면서 살고 있다. 그리고 그 믿음이 권력이나 이해관계, 이데올로기 등과 합해지면 아주 완고해진다. 그렇게 되면 우리는 그것에 대해 더 이상 알려고 하지 않을 뿐만 아니라 자신과 다른 주장을 하는 사람을 쉽게 받아들이지 못한다. 때로는 그들을 사회적으로 매장시키기도 한다.

중세 서구 사회에서 사람들은 태양이 지구를 돈다고 굳게 믿었다. 그래서 지구가 태양을 돈다고 생각한 사람들을 쉽게 용납하지 않았다. 심지어 종교 재판에 회부되어 단두대의 이슬로 사라지는 경우도 있었다. 지동설이 오늘날에는 상식이지만, 당시에는 기독교적 이데올로기와 결부되어 금지된 믿음으로 취급됐다. 분명한 것은 당시 천동설을 주장했던 사람들은 믿은 것이지 결코 안 것이 아니라는 사실이다. 믿음과 앎은 동일한 범주가 아니다.

믿음과 앎에 대해 인문학적으로 사유할 수 있는 동화가 있다. 어릴 적 어머니 무릎에서 많이 들었을 「호랑이와 곶감」이다. 이 동화는 그저 재미있게 웃고 넘어갈 수 있는 이야기지만, 그 속에는 믿음과 앎을 동일시하는 우리들 삶의 모습이 담겨있다.

아주 오랜 옛날 깊은 산속에 호랑이가 살고 있었다. 어느 추운 겨울날 호랑이는 먹을 것이 없자 마을로 내려왔다. 그때 마침 한 집에서 아이 우는 소리가 들려왔다. 어머니는 아이의 울음을 그치게 하려고 이렇게 말했다.

"아가야, 밖에 호랑이가 있단다. 자꾸 울면 호랑이가 널 잡아먹을지 몰라. 뚝 그쳐야지, 뚝!"

그런데도 아기의 울음소리는 그치지 않았다. 어린 아기는 호랑이를 잘 몰랐기 때문에 무섭지 않았던 것이다. 그런데 아이에게 곶감을 주자 언제 그랬냐는 듯 울음을 뚝 그쳤다. 밖에서 이 대화를 엿듣고 있던 호랑이는 곶감이라는 놈이 자신보다 훨씬 무서운 녀석이라고 생각하고서 뒷걸음질하다 그만 외양간으로 들어가고 말았다.

마침 외양간에는 소를 훔치려는 도둑이 숨어있었는데, 갑자기 나타난 호랑이를 보고 당황하다가 얼떨결에 호랑이 등 위에 올라타게 되었다. 호랑이는 이 녀석이 곶감인 줄 알고 등에서 떨어트리기 위해 온몸을 이리저리 흔들며 달리고 또 달렸다. 도둑도 떨어지지 않으려고 안간힘을 다했다. 그렇게 정신없이 달리던 호랑이가 지쳐 쓰러지자, 도둑은 그 틈을 이용해서 얼른 내렸고 마침 옆에 있던 동굴 속으로 숨어들었다. 그런데 그 동굴은 곰이 사는 집이었다.

호랑이가 겨우 정신을 차리고 쉬고 있는데, 밖을 어슬렁거리던 곰이 다가와서 도대체 무슨 일이 있었느냐고 물었다. 호랑이는 밤새 겪었던 일을 얘기하면서 곰에게 신신당부했다.

"곶감은 정말 무서운 녀석이야. 그러니 너도 조심해야 해. 알았지?"

이 말을 들은 곰 역시 두려움에 떨면서 동굴로 돌아왔다. 그때 동굴에 숨어있던 도둑은 곰을 보고 너무 놀라 어찌해야 할지 몰랐다. 도둑은 에라 모르겠다는 마음으로 곰을 세차게 걷어찼다. 곰은 저 멀리 나가떨어지면서 이렇게 외쳤다.

"곶감이다!"

밖에 있던 호랑이는 이 소리를 듣고 무서워서 달아나기 시작했다. 곰도 죽을힘을 다해 도망쳤다. 도둑 역시 영문도 모른 채 그저 '나 살려라.' 하면서 줄행랑을 치고 말았다.

믿음의 의미

어린 시절에도 그랬지만, 지금 읽어도 역시 재미있다. 마치 한 편의 코미디를 보는 느낌이다. 명절이면 선물용으로 인기가 많은 곶감이 정체 모를 두려운 존재로 둔갑했으니, 절로 웃음이 난다. 이 전래 동화는 누군가가 곶감이라는 소재를 이용해서 그저 웃자고 만들어낸 이야기일까? 비록 그럴지라도 이 이야기는 우리에게 믿음과 앎에 대해 성찰할 기회를 제공해주고 있으니, 높은 평점을 줘도 좋을 것 같다.

우리는 평소에 믿는다는 말을 자주 사용한다. 그런데 믿음이란 무엇을 의미하는 것일까? 먼저 믿음은 세계에 대한 해석이나 주장을 가리킨다. 학창 시절 자주 외웠던 한용운의 '님의 침묵'이란 시를 예로 들어보자. 누군가는 님이 조국이라고 믿으며, 다른 누군가는 조국이 아니라 한용운이 사랑했던 여인이라고 믿는다. 한용운이 승려였기 때문에 님은 부처님이라고 믿는 사람도 있다. 모두들 믿는다고 이야기했지만, 이는 각자 님에 대한 어떤 주장이나 해석을 하고 있는 것이다.

둘째로 믿음은 평가를 의미한다. 누군가 '요즘 가요 프로그램에 아이돌 그룹만 나오는 것이 한국 가요의 다양성을 저해하는 요인이라고 믿는다.'라고 이야기했다고 해보자. 이 사람은 다양한 음악이 발전하지 못하는 것은 아이돌 가수들이 가요계를 독점하고 있기 때문이라고 평가하고 있는 것이다.

셋째로 믿음은 결론을 내포하고 있다. 북한의 핵무기 개발을 예로 들어보자. 누군가 '북한이 수소 폭탄 실험을 하고 미사일을 발사하는 것은 미국이 북한의 체제를 보장하지 않기 때문이라고 믿는다.'라고 말한다면, 이는 곧 결론을 내리고 있는 것과 같다.

넷째로 믿음은 예측이라는 의미를 담고 있다. 누군가 '오늘날 지구 온난화와 생태계 파괴 때문에 앞으로 100년도 되지 않아 세계는 파멸에 이를 거라고 믿는다.'라고 말했다고 해보자. 이때의 믿음은 곧 지구가 미래에 어떻게 될 것이라고 예측하는 것이다.

이처럼 믿음의 의미를 네 가지로 살펴보았는데, 이것은 단순히 세계에 대한 해석이나 평가, 결론, 예측만을 표현하는 것이 아니다. 그것은 바로 자신이 말한 것이 '옳다'고 굳게 믿는 것이다. 따라서 믿음이란 세계에 대하여 자신이 옳다고 받아들이는 해석, 평가, 결론, 예측이라고 할 수 있다.

그런데 우리가 믿는다고 말하는 것들이 과연 정확하다고 할 수 있을까? 그러기 위해서는 자신의 믿음을 뒷받침할 강력한 증거가 있어야 한다. 예컨대 지구가 둥글다는 믿음은 정확하다. 인공위성을 통해 지구를 촬영해보면 둥근 모습을 확인할 수 있기 때문이다. 이처럼 강력한 증거나 이유에 의해 뒷받침되는 믿음은 단순한 믿음이 아니라 옳은 믿음이다. 그리고 우리는 이것을 앎(knowing) 혹은 지식이라 부른다.

믿음이 앎이 되기 위해서는 그것이 사실이거나 분명한 증거가 있어야 한다. 그럼에도 불구하고 우리는 자신이 믿는 것이 곧 아는 것이라고 착각하면서 산다. 예를 들어 '나는 1+1=2라는 것을 안다.'고 말하는 것은 정당하다. 사실이기 때문이다. 물론 앞의 '1'과 뒤의 '1'이 완벽하게 동일한 조건임을 전제할 때만 가능하다. 그런데 '나는 지구에 종말이 올 것을 안다.'라고 말하는 것은 정확하지 않은 믿음일 뿐이다. 물론 지구에 종말이 올 수도 있지만, 그럴 거라는 분명한 증거가 없기에 앎이라고 할 수 없다. 이런 불완전한 믿음 때문에 1999년 수많은 사람들이 집단 자살을 택했다. 그들은 종말을 믿은 것이지 안 것이 아니었다.

그리고 누군가 '나는 지구가 네모나다는 것을 안다.'고 말한다면, 이는 완전히 잘못된 것이다. 분명 사실이 아니기 때문이다. 그래서 이런 진술은 앎이 아니라 잘못된 믿음이다. 동화 속에 등장하는 호랑이 역시 이런 잘못된 믿음에 기초해서 재미있는 사건을 연출하고 있다. 곶감은 무서운 대상이 아니라 우는 아이를 달래주던 말린 과일일 뿐이다.

오늘의 우리는 주장과 사실, 믿음과 앎의 혼동 속에서 살고 있다. 불완전한 믿음, 잘못된 믿음이 사실로 받아들여지는 사회는 건강하지 않다. 동화에서는 재미있는 해프닝으로 끝났지만, 현실에서는 선량한 사람들이 다칠 수 있기 때문이다. 이런 역사를 우리는 수없이 거쳐왔다. 얼마나 많은 사람들이 아무런 죄 없이 빨갱이라는 이름으로 죽어가고 그 가족들이 고통을 받아야 했는가. 권력을 유지하기 위한 잘못된 믿음, 아니 의도적으로 왜곡된 믿음이 '사실'과 '앎'이라는 가면을 쓰고 사람들을 해친 것이다. 몇 해 전 타계한 신영복 선생도 잘못된 믿음을 사실로 받아들였던 독재 시대의 희생자였다. 남북한 대치라는 냉엄한 상황에서 어쩔 수 없는 일이었다고 변명하지 말자. 그로 인해 죽어간 사람들에게 너무 미안하니 말이다.

아직도 민주주의 반대말이 공산주의라고 믿는 사람이 많다. 물론 공산국가들이 비민주적인 행태를 보인다는 점을 강조하기 위한 말일 수 있지만, 이는 분명 사실이 아니다. 민주의 반대는 독재이고, 공산주의의 반대는 자본주의이기 때문이다. 이는 이데올로기의 첨예한 대립과 갈등의 시대가 낳은 범주의 오류다. 사실이 아닌 것을 믿을 수는 있지만, 사실이 아닌 것을 알 수는 없는 법이다. 호랑이는 그저 곶감이 무섭다는 것을 믿은 것이지 안 것이 아니었다.

의좋은 형제

(형제애)

형님 먼저, 아우 먼저

대선이나 총선, 지자체 선거가 치러질 때면 어김없이 등장하는 말이 있다. 바로 '갈등'이다. 그만큼 지역이나 이념 간의 대립과 갈등이 심하다는 방증일 게다. 아무리 가까운 친구 사이라도 선거 때만 되면 관계가 틀어지는 경우를 종종 보게 된다. 이유는 단순하다. 지지하는 정당이나 인물이 다르기 때문이다. 과연 생각의 차이가 좋은 관계를 깨트릴 만큼 중요한 것일까?

문득 대한민국이라는 대가족 체제에서 여당은 형님이고 야당은 동생이 아닐까 하는 생각이 들었다. 각자 지향하는 이념이나 가치가 다르기에 치열한 경쟁을 펼치지만, 그 바탕에는 형제애가 있어야 한다. 그래야 우리 모두가 원하는 '통합'을 실현할 수 있다고 믿기 때문이다. 그래서 생각난 동화가 있다. 전래 동화인 「의좋은 형제」가 그것이다. 이 동화가 오늘의 우리에게 전하는 메시지는 무엇일까?

* * *

아주 오랜 옛날 어느 마을에 의좋은 형제가 홀어머니를 모시면서 살고 있었다. 그런데 동생이 결혼하게 되자 형은 재산을 반으로 똑같이 나누어 동생에게 주었다. 형이 더 많은 재산을 차지할 수 있었지만, 새살림을 차린 동생이 자립할 수 있도록 배려한 것이었다.

　두 형제는 서로 도와가면서 부지런히 일했다. 열심히 일한 덕에 두 형제는 많은 곡식을 수확할 수 있었다. 형과 아우는 서로 거둬들인 볏단을 쌓아 올렸는데, 그 높이가 거의 비슷했다. 동생의 볏단을 흐뭇하게 바라보던 형은 문득 이런 생각을 하였다.

　'동생은 살림을 차린 지 얼마 되지 않았으니, 이것저것 필요한 게 많을 거야.'

　동생 역시 같은 마음이었다. 자신은 색시와 단둘이 살기 때문에 생활비가 적게 들지만, 형님은 어머니와 조카들을 돌봐야 하기에 돈이 많이 필요할 것이라 생각했다. 형과 동생은 밤에 몰래 들로 나왔다. 형은 자신의 볏단을 동생의 볏단 위에 얹어 놓았고, 동생 역시 자신의 볏단을 형님 볏단 위에 올려놓았다.

　다음 날 아침 들판에 나온 형제는 깜짝 놀랐다. 볏단의 높이가 어제와 똑같았기 때문이다. 어젯밤에 분명히 볏단을 옮겨놓았는데, 어찌된 영문인지 도저히 알 수 없었다. 형은 생각했다.

　'내가 볏단을 조금 옮겨서 표시가 안 나는 건가? 오늘 밤엔 많이 옮겨야겠어.'

　그날 밤 일을 마친 형은 자신의 볏단을 짊어지고 동생의 볏단이 놓여있는 곳으로 향하였다. 같은 시각 동생 역시 볏단을 지게에 지고 형님의 들로 가고 있었다. 두 형제의 거리가 가까워지면서 희미한 그림자가 보이기 시작했다.

드디어 둘은 서로 마주쳤다. 형과 아우는 깜짝 놀라면서 한밤중에 무슨 일이냐고 물었다. 그리고 볏단이 한가득 담긴 지게를 바라보았다. 이제야 왜 볏단의 높이가 그대로였는지 알게되었다.

"형님!"

"동생아!"

서로의 마음을 알게된 두 형제는 기쁜 마음에 부둥켜안았다. 그리고 둘은 오래도록 우애를 나누면서 행복하게 살았다.

형제애, 인간의 보편적 사랑

다시 읽어도 두 형제의 우애가 훈훈하게 다가온다. 이 동화를 읽으면서 문득 8년 차이가 나는 형님이 생각났다. 형님은 내가 공부할 수 있도록 뒷바라지를 해주었으며, 어려운 처지를 당할 때마다 든든한 버팀목이 되어주었다. 「의좋은 형제」에 나오는 형의 모습을 많이 닮았다. 이 동화를 선택한 것도 글을 통해 형님께 감사의 마음을 전하고 싶었기 때문이다.

이 동화는 초등학교 시절 교과서에서 읽은 기억이 있는데, 조선 시대 충남 예산군 대흥마을에 살았던 이성만과 이순이라는 실존 인물을 바탕으로 쓰였다고 한다. 이들의 이야기가 『동국여지승람』에 실릴 정도로 두 형제의 우애가 돈독했다고 전해진다. "형님 먼저, 아우 먼저."라는 유명한 라면 광고도 내 기억 속에 아직 남아있다.

에리히 프롬은 『사랑의 기술』이라는 책에서 "형제애는 가족 간의 사랑을 넘어선 모든 인간에 대한 사랑."이라고 하였다. 그리고 그는 이 사랑의 특성을 배타성이 없다는 데서 찾았다. 형제애는 우리 모두가 '하나'라는 경험에 바탕을 두고 있기 때문이라는 것이다. 내가 만나는 모든 사람을 나의 형이나 동생이라고 생각한다면, 서로 아끼고 사랑하는 마음이 자연스럽게 나올 것이다. 이런 점에서 형제애는 박애(博愛)와 같은 의미를 지닌다고 할 것이다.

프란치스코 교황은 형제애를 인간의 본질적 특성으로 파악하였다. 인간은 관계적 존재이기 때문이라는 것이다. 이처럼 사람들이 서로 관계를 맺고 있다고 생각하면, 우리가 만나는 대상은 남이 아니라 형제자매로 여길 수 있다. 교황은 형제애가 없으면 정의로운 사회와 확고하고 지속적인 평화를 이룩할 수 없다고 강조하기도 하였다.

이러한 관계성을 불교에서는 '연기(緣起)'란 말로 압축하였다. 모든 존재는 서로 말미암아[緣·연] 존재한다[起·기]는 뜻이다. 불교의 핵심이라 할 수 있는 연기의 진리는 자비의 행위가 나오는 근거가 된다. 한마디로 동체자비(同體慈悲)라고 할 수 있다. 우리 모두는 연기적으로 존재하기 때문에 서로 한 몸[同體·동체]이며, 따라서 상대가 기뻐할 때 나도 기뻐하며 상대의 슬픔을 함께 나눈다는 것이다. 이는 이웃을 내 몸처럼 사랑하라는 그리스도의 가르침과도 서로 통한다.

이처럼 형제애는 형제간의 관계를 뛰어넘는 보편적인 사랑을 의미하며, 그 바탕에 우리 모두는 떼려야 뗄 수 없는 '하나'인 관계라는 성찰이 담겨있다. 그런데 문제는 우리들 삶이 이와는 정반대로 향하고 있다는 사실이다. 삶의 방식이나 이념, 종교, 가치관 등이 다르면 서로 적대시하는 모습을 우리는 자주 경험한다. 마치 '네가 죽어야 내가 산다.'는 생각으로 똘똘 뭉쳐있는 것 같다.

'너 죽고 나 죽자.'거나 '너 살고 나 살자.'는 것은 가능하지만, '너 죽고 나 살자.'는 것은 불가능하다. 왜냐하면 죽게 생긴 사람이 같이 죽자고 덤벼들 것이기 때문이다. 이런 점에서 '너 죽고 나 살자.'는 사실상 같이 죽자는 뜻과 다르지 않다.

중앙아시아에는 이를 극명하게 보여주는 공명조(共命鳥) 이야기가 전한다. 공명조는 머리는 두 개, 몸은 하나인 전설적인 새이다. 말 그대로 생명[命·명]을 함께 한다[共·공]는 의미를 지니고 있다. 그런데 한 새는 낮에 자고 다른 새는 밤에 자기 때문에 늘 싸움이 끊이지 않았다. 그래서 한 새가 다른 새를 죽이려고 독약을 먹였는데, 결국 둘 다 죽게 되었다는 슬픈 이야기다. '너 죽고 나 살자.'는 행동이 모두를 죽게 만든 것이다. 이는 서로 한 몸이라는 것을 성찰하지 못해서 일어난 비극이다.

오늘의 우리 모습을 보면 공명조가 그저 남의 이야기로만 들리지 않는다. 1789년에 일어난 프랑스 혁명의 이념은 '자유, 평등, 박애'다. 오늘날 자유의 이념을 대표하는 보수와 평등을 지향하는 진보 사이에는 공명조처럼 대립과 갈등이 끊이지 않는다. 왜 그럴까? 바로 형제애, 즉 박애가 없기 때문이다. 보수와 진보는 관계 속에서 존재하기 때문에 양 진영은 서로가 존재하는 이유이자 근거가 된다. 진보 없는 보수, 보수 없는 진보는 불가능하기 때문이다. 혹여 이러한 실상을 우리 사회가 잊고 있는 것은 아닐까?

새로운 정부가 들어설 때마다 한결같이 통합과 소통을 지향한다고 외친다. 부디 그러한 관계가 실현되었으면 하는 바람이다. 우리는 공명조의 비극이 아니라 의좋은 형제의 해피엔딩을 원하기 때문이다.

형재애는 형제간의 관계를 뛰어넘는
보편적 사랑을 의미한다.
그 바탕에는 우리 모두가 떼려야 뗄 수 없는
'하나'인 관계라는 성찰이 담겨있다.

다시 읽는
어린왕자

이상한 어른들

　오래된 일기장을 다시 꺼내보았다. 『철학자와 함께 읽는 동화』를 쓰기 시작했을 때 꺼내봤으니, 꼭 3년만이다. 그 속에는 학창시절 고민도 담겨있었고 커피를 흘린 자국도 흐릿하게 남아있었다. 그리고 다시 펼쳐본 일기장에는 다양한 모습의 어린왕자 그림도 있었다. 일기를 쓰면서 『어린왕자』에 삽입된 그림들을 일기장에 그려 넣은 것이다.

　그로부터 30여 년이 흐른 어느 날 학창시절을 떠올리며 생텍쥐페리의 『어린왕자』를 다시 읽어보았다. 책장을 넘기면서 문득 이런 생각이 들었다.

　'왜 그때는 이런 대목들이 눈에 들어오지 않았을까?'

　사실 『철학자와 함께 읽는 동화』를 처음 시작했을 때 가장 먼저 쓰고 싶었던 것이 『어린왕자』였다. 그런데 아껴서 쓰고 싶었다. 내겐 소중한 책이었기 때문이다. 이제 와서 드는 생각은 그것이 착각이라는 사실이다. 소중한 것일수록 먼저 그리고 자주 사용해야 한다.

　스무 살 때 처음으로 양복 한 벌을 맞춰 입었다. 큰형님이 결혼하면서 예단으로 얻어 입게 된 것이다. 그런데 그 옷을 너무 아끼다가 몇 번 입지 못하고 버리게 되었다. 유행도 지나고 허리둘레가 맞지 않아 더 이상 못 입게 된 것이다. 그때 느꼈다. 아끼는 옷일수록 자주 입어야 한다는 것을.

　그런데 사람이란 게 자주 잊어버린다. 나는 아버지가 돌아가시고 나서야 무덤 앞에서 '사랑합니다.'라는 말을 했다. 아끼고 아끼다가 정작 살아계실 때는 한 번도 해보지 못한 말이다. 소중한 말일수록 자주 해야 한다.

지금 또다시 같은 실수를 반복하고 있다. 『어린왕자』를 아끼다가 에필로그에 와서야 쓰고 있는 것이다. 에필로그에 담기엔 이 책의 의미가 너무 큰데도 말이다. 다시 읽으면서 한 1~2년 정도 이 주제로만 글을 써도 좋겠다는 생각이 들었다. 학창시절 이 작품을 읽으면서 마음에 담았던 명대사들이다.

"비밀 하나를 알려줄게. 마음으로 봐야 잘 보이는 거야. 정말 중요한 것은 눈으로는 보이지 않아."

"네 장미가 그토록 소중한 것은 너와 장미가 함께한 시간 때문이지."

"사막이 아름다운 건 어디엔가 우물을 숨기고 있기 때문이에요."

지금 읽어도 정말 멋진 대사들이다. 다시 읽은 『어린왕자』에는 가볍게 읽고 넘길 문장이 하나도 없었다. 아주 천천히 하나하나 곱씹으면서 읽고 그것이 오늘의 우리에게 어떤 의미인지를 새기고 싶었다. 그럴 마음의 여유, 어린아이와 같은 마음이 있을지는 모르겠다. 나 역시 이 책에 등장하는 이상한 어른들과 다름이 없으니까.

『어린왕자』에는 이상한 어른들이 많이 등장한다. 어린왕자가 자기 별에 있는 꽃과 이별을 하고 다른 별을 여행하면서 만난 사람들이다. 별로 닮고 싶지 않은 인물들이다. 어린왕자는 권위로 가득한 권력자, 허풍쟁이, 술을 마시는 것이 부끄러워 그것을 잊기 위해 술을 마시는 술꾼,

소유욕으로 가득 찬 장사꾼, 가로등 켜는 사람, 지리학자 등을 만난다. 권력이나 세속적 욕망, 화석화된 지식, 자기 학대 등을 삶의 최고 가치로 여기면서 사는 사람들이다.

그런데 어린왕자가 도착한 일곱 번째 별인 지구는 규모와 차원이 완전히 달랐다. 이상한 어른들이 수십억 명 살고 있었기 때문이다. 그야말로 이상한 어른들의 집합소가 바로 지구였던 것이다. 어린왕자는 어리둥절하면서 혼잣말로 속삭였다.

'어른들은 아무리 생각해도 이상하단 말이야.'

다시 어린아이로

지구에 도착한 어린왕자는 꽃과 뱀, 여우, 철도원 그리고 이 책의 작가인 생텍쥐페리를 만난다. 특히 여우와의 만남은 이 책의 하이라이트다. 이 만남을 통해 어린왕자가 삶의 소중한 진실과 의미를 발견하기 때문이다. 자기 별에 두고 온 한 송이 꽃이 짜증을 냈던 것은 사랑의 또 다른 표현임을, 꽃이 했던 단순한 거짓말 뒤에는 연약함이 숨어있다는 것을, 그래서 꽃이 하는 말이 아니라 행동을 보고 판단해야 했음을 깨닫게 된 것이다.

늦었지만 어린왕자는 자신이 버리고 온 꽃과 서로 길들여져 있음을 알게 된다. 길들인다는 것은 서로 관계를 맺는다는 뜻이다. 아무리 많은 화려한 꽃이 있더라도 그것들은 어린왕자에게 의미를 갖지 못한다. 길들이지 않기 때문이다. 길들였을 때 비로소 서로는 세상에 하나뿐인 꼭 필요한 존재가 된다.

여우는 어린왕자에게 자신을 길들이기 위한 두 가지 조건을 제시한다. 인내심과 예의가 바로 그것이다. 학창시절 이 책을 읽을 때는 발견하지 못했던 것들이다. 인내심은 한 발짝 떨어져서 바라보다가 조금씩 다가오는 일이다. 그렇다면 예의란 무엇일까? 여우보다 잘 설명할 자신이 없어 그대로 옮긴다.

"매일 같은 시각에 오는 게 좋을 거야. 만일 네가 오후 4시에 온다면 나는 3시부터 행복해질 거야. 4시가 가까워질수록 나는 점점 더 행복해지겠지. 마침내 4시가 되면 가슴이 두근거리고 안절부절못하게 될 거야. 그러면서 행복이 얼마나 소중한 것인지 깨달아. 그런데 네가 아무 때나 온다면 언제부터 마음의 준비를 해야 할지 모르잖아. 그래서 예의가 중요한 거라고."

인내심과 예의, 이상한 어른들에게는 찾아보기 힘든 것이다. 어쩌면 너무 오랫동안 잊고 살아서 기억 속에 없는지도 모를 일이다.

『어린왕자』가 오랜 시간 우리에게 감동을 주는 이유는 어디에 있을까? 작가의 고백처럼 별에 두고 온 '꽃 한 송이'를 향한 그의 간절한 마음' 때문일 것이다. 우리 주변에는 부모, 형제, 자식, 친구 등 수많은 꽃들이 있다. 단순한 꽃이 아니라 서로 관계를 맺고 길들여진, 그래서 내 삶의 의미로 남아있는 꽃들이다. 스스로에게 물어보자. 그들을 향한 나의 마음이 얼마나 간절했는지 그리고 얼마나 책임을 지고 있는지.

어린왕자의 말처럼 우리는 삶이라는 급행열차에 서둘러 오르지만 정작 무엇을 찾는지 모르고 있다. 그렇기 때문에 늘 분주하게 제자리를 맴돌면서 하품만 하고 있을 뿐이다. 아무 소용이 없는데도 말이다. 오직 아이들만이 유리창에 코를 바짝 붙이고 창밖을 내다보고 있다. 아이들은 자신이 무엇을 찾고 있는지 알고 있는 것이다.

아이들은 인형 하나를 찾는 데 오랜 시간을 보내기도 한다. 인형은 그들에게 아주 소중하기 때문이다. 아이들은 소중한 것을 소중하게 여길 줄 안다. 솔직하기 때문이다. 인형을 빼앗기면 아이들이 우는 데도 이유가 있었던 셈이다. 아이들을 부럽게 바라보는 지구별 철도원의 입에서 이런 말이 나온다.

"아이들은 참 좋겠구나."

어른들도 아는 것이다. 아이들처럼 살고 싶다는 것을, 아이들처럼 솔직하고 당당하게 사는 것이 가치있는 삶이라는 것을. 다만 그렇게 살지 못하는 자신이 몹시 쓸쓸할 뿐이다. 우리 주변에는 솔직하게 살지 못하도록 유혹하는 것들이 너무도 많다. 권력, 돈, 지식, 허영 등 어린왕자가 만난 이상한 어른들이 집착하는 것들이다. 어린왕자가 네 번째 별에서 만난 장사꾼은 삶을 가치나 의미가 아니라 소유와 가격으로 바라보는 오늘의 우리 모습과 다르지 않다.

『어린왕자』를 다시 읽으면서 감동과 함께 부끄러움이 밀려왔다. 나 역시 정도의 차이만 있을 뿐, 이상한 어른들과 별반 다르지 않기 때문이다. 그러나 '뭣이 중헌디?'라는 물음만은 놓지 않으려 한다. 그리고 생텍쥐페리가 그랬던 것처럼 사막을 아름답게 만드는 우물을 발견할 수 있다는 희망 역시 버리지 않으려 한다.

글을 마치면서 나에게 다시 한번 묻는다.

'너 지금 뭐 하고 있니?'

[인용한 책과 노래 가사]

1부 아낌없이 주는 나무 | 쉘 실버스타인 지음, 박재범 옮김, 『아낌없이 주는 나무』, 선영사, 2018
이야기를 들어줘 | 베고냐 이바롤라 지음, 『이야기를 들어줘』, 스마일 북스, 2015
젊어지는 샘물 | 김종완 작사, 이애란 노래, '백세인생', 2015(KOMCA 승인필)

2부 날 지켜줘, 그림자야 | 이호석 지음, 『날 지켜줘, 그림자야』, 에이엠스토리, 2013
양일까요, 개일까요? | 김민서 지음, 『양일까요, 개일까요?』, 월드베스트, 2017

철학자와 함께 읽는 동화

초판 1쇄 발행   2019년 9월 30일
개정판 1쇄 발행 2024년 9월 30일

지은이   이일야
펴낸이   오세룡
편집   여수령 정연주 박성화 손미숙 윤예지
기획   곽은영 최윤정
디자인   최지혜 고혜정 김효선
홍보·마케팅   정성진

펴낸곳   담앤북스
주소   서울특별시 종로구 새문안로3길 23 경희궁의아침 4단지 805호
대표전화   02-765-1250(편집부)   02-765-1251(영업부)
전송   02-764-1251
전자우편   dhamenbooks@naver.com

출판등록   제300-2011-115호.
ISBN 979-11-6201-505-6 (03100)

정가 16,800원